中国历史图谱

孙占铨　孙天元　编著

吉林文史出版社

前言

中华民族历史悠久，神州大地幅员辽阔。自开天辟地，我们的祖先就繁衍生息在这片神奇的土地上。在伟大祖国漫长的进程中，造就了浩若繁星的历史人物；演绎了无数惊天地、泣鬼神的历史故事；创造了辉煌灿烂的炎黄文化。历史的积淀给我们留下了巨大的物质财富和精神财富，需要我们珍藏、发掘、探讨、研究和弘扬。学习历史、总结经验、借鉴古人、传承文明是我们当代人义不容辞的历史责任。学习历史的主要途径是通过书籍，但中国历史错综复杂，史料浩如烟海，一般读者很难通读遍览。能用较少的时间和精力，学到更多的历史知识，从宏观上了解历史，对我国历史沿革有一个完整的概念，是每个读者的愿望和追求。鉴于此，我们编写了这本图文并茂、提纲挈领、浓缩数千年乃至上万年历史大事的《中国历史图谱》。

本《图谱》采用夏、商、周断代工程的最新研究成果，在时间上力求更为准确，并以时间为主线，横向以图的形式在有时间刻度的横坐标上铺展开来，犹如时间隧道展现在眼前；纵向以年为单位对历史事件加以描述，可收到一书在手纵观历史全程的效果。

本书具有如下特点：

1、以公历时间为主线，主要的历史事件、历史人物的生卒时间都能在图谱上反映出来。

2、国家、政权和民族的存在时间及变化过程都通过图的形式表现出来，直观、形象，易形成感性认识。

3、图中每个刻度上对应记载的是本年度发生的大事，事件大小和涉及的历史人物的历史地位不做横向比较。

4、帝王的更迭、政权的演变、所用年号及某些民族的演变都能通过图反映出来，并在重要的时间节点上配以文字说明。

通过时间主线和连续的彩色图形，一部不间断的、漫长的中国历史画卷就展现在我们眼前了，我们可以沿着这个时间轴线追溯历史，构思和想象若干年前我们先人的生活场景。

本书字句凝练、逐年阐述、连续描绘、精雕细刻。把五千年的文明史浓缩于很小的篇幅中，浓缩的固然是精华，每一个图、线、点、字都有其特殊含义。受篇幅所限，我们不能把它铺展开来详细阐述；也受作者水平所限，本书可能有很多不足和疏漏之处，恳请读者、专家不吝赐教，以使之日臻完善。如果认为这种独出心裁的表现形式能对读者学习历史有一点点帮助的话，对我们将是莫大的安慰，多年的努力总算有了一点儿回报，我们将不胜感激！

孙占铨　孙天元

2010年元月

阅读说明

1. 本图谱以时间"数轴"为主线，为方便查看时间还配有上下两个刻度和数值与之完全相同的副标尺。

2. 数轴(包括标尺，以下同)上的数(不含零)是和公历时间的年数相对应的，公元前用负数表示，并据此省略了"公元"、"公元前"字样。

3. 数轴上每隔百年标一个完整的年数，中间标九个十位数，图中每个"节点"上所标的都是时间的个位数，看完整的时间数请借助数轴。

4. -2070年以前轴上没有刻度，以后每格均为一年(-2070年至-841年1毫米/格；-841年至1911年4毫米/格；1911年至1950年8毫米/格)。

5. 彩条的长度表示国家、政权或民族的存续时间，用血红色虚线隔开彩条表示改朝换代，用箭头表示改朝换代、政权分裂或统一。

6. 历史事件、人物均标在对应的时间刻度上，人物一般标于卒年(生年或对应的事件上)，年龄均为周岁，名字用众所周知的一个(如鲁迅不标周树人)。同年并列的人或事用句号分开。未注明国度的一般指中央王朝。

7. 政权内部的帝王间的接替用白色线隔开，时间标于线左侧的则为上一帝王终结的时间，标于线右侧的则为下一帝王正式即位的时间，如以继位第二年为元年则两个时间要相差一年，图中白线一般都处于下一帝王正式即位的时间上，如两者一致不另行说明。另外，时间短、规模小、缺乏记载的一些政权因版面和史料所限不能逐一体现。

8. 年号用与彩条相同颜色的文字标于彩条旁，以便通过颜色确认。

9. 说明性文字标于附近的方框中或图中对应的时间"节点"上。

10. 国名、族名或政权名称一般用黑体黄字标于彩条上，国都标于国名旁边的小括号内，国都涉及多个地点的一般只列其中一个。

11. 彩条颜色逐渐加深表示民族(或政权)逐渐产生(或无准确时间)，彩条颜色逐渐变浅表示逐渐融合或转移。

12. 上副标尺上的彩条简单区别不同朝代或时期，并用文字标明。

13. 下副标尺上方用红字所列人口统计精确到万位，仅供参考。

14. 为便于查阅，将年号音序索引附于后。

15. 为便于记忆，特编"中国历史歌"附于"索引"之后。

16. 索引中只标年号开始的时间，个别前加"至"字的为年号结束时间。

17. 索引中个别政权的年号由于篇幅所限可能在图谱中未予列出，也有个别年号因说法不一导致两者不统一，仅供参考。

18. 干支纪年标于主轴上方1684年至1864年之间，其他时间按60年一周期只标甲子年，其余年份推算方法请看32页—"干支纪年计算法"。

19. 从1912年开始将民国纪年标于上副标尺下方。

20. 上下页之间在时间上连续衔接。

21. 为避免理解偏差，文字部分尽量用史料原文，详细内容请查阅资料。为节省版面，省略了某些标点符号和修饰语言。

22. 文字叙述无论横书、竖书，阅读顺序均为从左到右、由上至下。

23. 由于历史上不同时期所用历法不同，规定的岁首也不同，按现行历法衡量可能有的事件记载要推到另一年，实难考证，只能尊重原文。

图例(图形语言解析)：

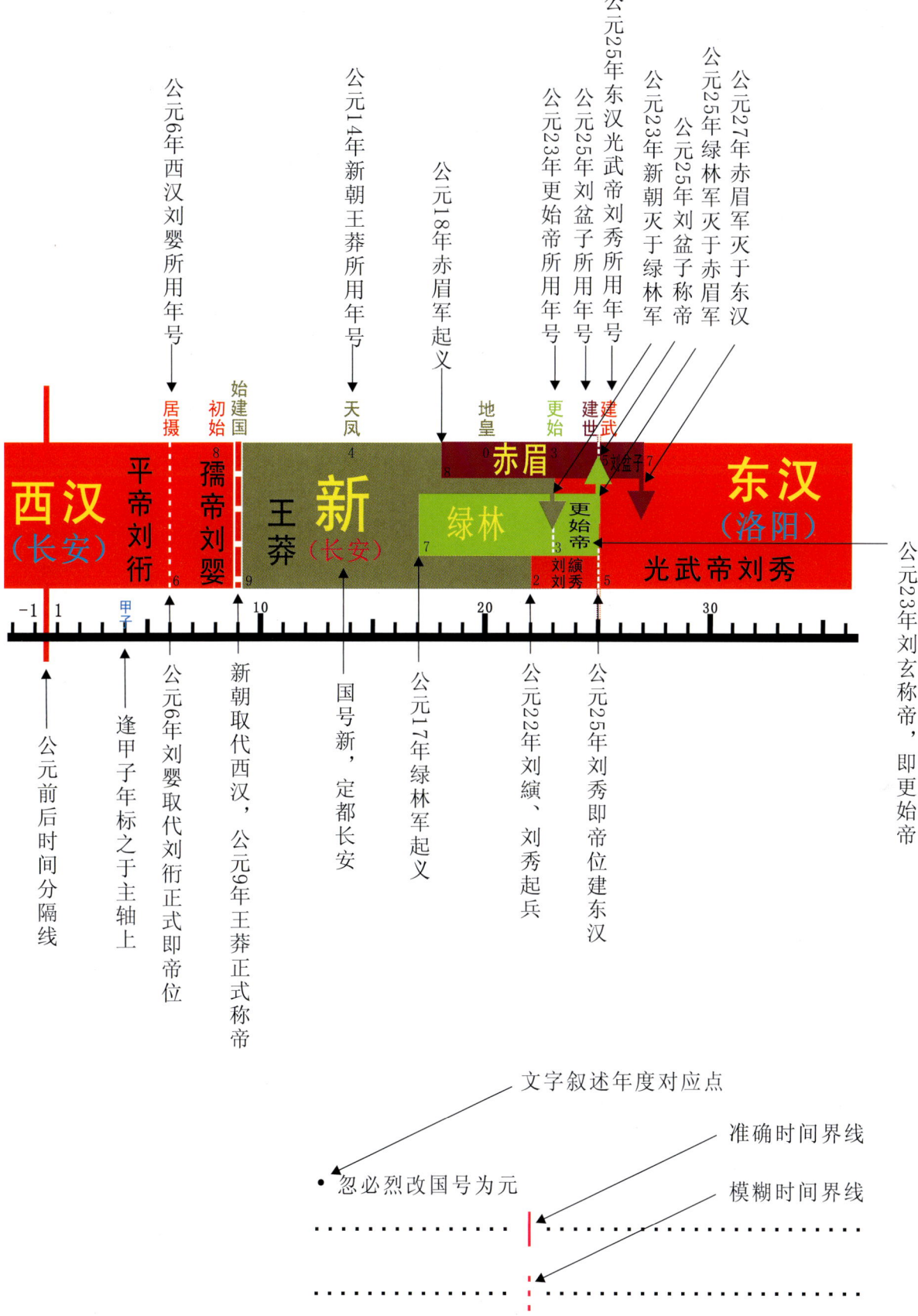

- 01 -

中国历史图谱

一、朝代或时期划分简谱 →

| 300万年前 | 170万年前 | 100万年前 | 70万年前 | 20万年前 | 10万年前 三皇时代 4万年前 | -10000 |

二、时间上副标尺 → 原始社会（至-2070年结束）

三、社会形态划分

有巢氏：
上古之世，人民少而禽兽众，人民不胜禽兽虫蛇。有圣人作，构木为巢，以避群害，而民说(悦)之，使王天下，号有巢氏。

三皇之燧人氏：
上古之世，民食果蓏蚌蛤，而伤害腹胃，民多疾病。有圣人作，钻燧取火，以化腥臊，而民说(悦)之，使王天下，号燧人氏，奉为火祖。

四、主要政权使用年号（彩条旁同颜色字）→ ……………… 旧 石 器 时 代 ………………

五、朝代、帝王变更图 →

人类初始阶段（蒙昧时期）　　　　　　　　　　三 皇 时 代

元谋人　蓝田人　和县人　北京人　金牛山人　大荔人　桐梓人　马坝人　许家窑人　丁村人　水洞沟人　萨拉乌苏人　柳江人　左镇人　山顶洞人　资阳人

传说中的有巢氏时代　　　　　　　　　传说中的燧人氏时代

六、公历时间主轴线 → 300万年前　170万年前　100万年前　70万年前　20万年前　10万年前　4万年前　-10000

………… 原 始 人 群 时 期 …………　　　………… 母 系 氏 族 公 社 时 期 …………

七、历史事件及人物 →

- 地球上出现最早的人类
- (山西)西侯度文化
- (云南)元谋人是已知的我国境内最早的人类
- 使用打制石器
- 有巢氏构木为巢，以避群害。巢居开始
- (陕西)蓝田人及其文化
- 会用简单语言
- 古之人民皆食禽兽肉，"茹毛饮血"
- (安徽)和县人及其文化
- (山西)匼河文化
- 北京人及其文化
- (贵州)观音洞文化
- 学会使用和保存自然火种，逐渐摆脱"茹毛饮血"的时代
- (辽宁)金牛山人及其文化
- 此前已会用兽皮缝制衣服
- (陕西)大荔人及其文化
- (贵州)桐梓人及其文化
- 燧人氏钻木取火，以化腥臊。人工取火是人类发展的一次飞跃
- (广东)马坝人及其文化
- (山西)许家窑人及其文化
- (山西)丁村人及其文化
- (宁夏)水洞沟人及其文化，此时已发明了弓箭
- (内蒙)萨拉乌苏人及其文化
- (广西)柳江人
- 出现原始宗教
- (台湾)左镇人及其文化
- (北京)山顶洞人已掌握磨光和钻孔技术，能制作骨针和装饰品，有爱美观念
- 会驯化狗
- (四川)资阳人

八、中国历代人口统计（数字用红色，单位：万人）→

九、时间下副标尺 → 300万年前　170万年前　100万年前　70万年前　20万年前　10万年前　4万年前　-10000

-02-

中国历史图谱

时间轴: -8000 —— 三皇时代 —— -6000 —— -5000 —— -4000 —— -3000 —— 甲子 -2697 —— 五帝时代 —— -2070 —— 60 夏朝 50 —— 40 甲子

原始社会结束 | 奴隶社会开始(~475年结束)

荤鬻（匈奴先祖）

商朝、周朝之始祖 ——→ 黄帝 ········ 玄嚣 ········ 桥极 ········ 帝喾 ┬─ 后稷 ············
　　　　　　　　　　　　　　　　　　　　　　　　　　　　　　　　　　└─ 契 ············ 昭明

三皇之伏羲氏：
伏羲氏结绳为网，教民以田(猎)以渔，"画八卦以治天下"。又以龙命官，把龙作为氏族图腾，"龙的传人"盖出于此也！

三皇之神农氏：
相传神农之世，人民多而禽兽少，衣食不足，疾病流行。神农于是砍木为耜，揉木为耒，教民播种五谷。又尝百草酸咸，察水土甘苦，一日遇七十毒而兴医药，号为神农，奉为药祖

黄帝世家：
五帝之中颛顼是黄帝之孙，帝喾是黄帝曾孙，尧帝为帝喾之子，舜帝是颛顼七世孙。虽非世袭，亦是"家天下"

禹之世家：
禹之父曰鲧，鲧为颛顼后代，颛顼之父曰昌意，昌意之父曰黄帝，夏朝乃黄帝后裔之天下也！

新 石 器 时 代

三皇时代 | 五帝时代 | 夏

裴李岗文化 | 磁山文化 | 仰韶文化 | 河姆渡文化 | 半坡文化 | 大汶口文化 | 红山文化 | 良渚文化 | 龙山文化 | 黄帝 (甲子) | 颛顼(帝丘) | 帝喾(亳) | 帝尧(平阳) | 帝舜 | 禹(阳城)

传说中的伏羲氏时代 ············ 传说中的神农氏时代 ············ 黄帝纪元元年 -2697

母系氏族公社时期 | 父系氏族公社时期

- 伏羲氏结网捕鱼、驯养牲畜
- 伏羲氏削木为舟，刳木为楫
- 发明了纺织技术
- 出现了七音阶骨笛
- 甲、骨、陶、石上出现契刻符号，是原始文字的雏形
- 使用骨器、木器
- 使用磨制石器
- (河北)磁山文化的主人是已知的华北地区最早的新石器时期文化
- (发现于河南渑池的)仰韶文化分布很广，遍及多个省份。仰韶人以农业为主，饲养猪、狗、鸡等，兼营渔猎。为母系氏族公社制的繁荣时期
- (浙江)河姆渡人过原始农耕定居生活。以锄耕农业为主要生活来源，其所居长江流域是世界稻作农业起源中心
- 黄河流域的半坡原始居民制彩陶技术比较成熟，会织麻布、制麻衣
- (东北地区)神农氏尝百草，始有医药。神农因天之时，分地之利，制末耜，教民农耕，神而化之，使民宜之，故谓神农
- 黄河下游的大汶口人会制作黑陶和白陶，玉器生产工艺水平也很高
- 红山文化晚期进入铜石并用时代
- 结绳记事，掌握了轮制技术
- 隶首作数。掌握了酿酒技术
- 螺祖养蚕取丝
- 传说史官仓颉造文字
- 传说炎帝后裔共工居有九州，采首山之铜以铸鼎
- 传说黄帝为少典氏与附宝所生，长于姬水，因以为姓，居轩辕之丘，因以为名
- 阪泉之战。黄帝"北逐荤鬻，合符釜山，而邑于涿鹿之阿"
- 传说中的颛顼(黄帝之孙、昌意之子)时期
- 颛顼居帝丘
- 帝喾(黄帝之曾孙、玄嚣之孙)继颛顼为帝(部落联盟首领)
- 帝喾号高辛氏，居亳
- 帝尧(帝喾之子)。尧帝之时天下犹未平，禽兽逼人，鲧治水十三年，三过家门而不入，用疏导法，九年无功，为舜所杀，举鲧之子禹续鲧之业
- 黄河泛滥，洪水横流，草木畅茂
- 尧帝之时五谷不登，禽兽逼人，兽蹄鸟迹之道交于中国
- 尧帝子放勋立，是为尧帝。居平阳，号陶唐氏
- 出现私有财产，贫富分化加剧
- 帝舜子放勋立，曾任有虞氏首领，因此又称虞舜
- 尧禅位于舜
- 禹伐有扈氏
- 禹划九州(冀、兖、青、徐、荆、扬、梁、豫、雍)
- 禹铸九鼎，以铜为兵
- 奚仲造车
- 涂山之会，诸侯对禹朝贡，行臣服礼
- 发展农业(整治河流)，躬耕于农
- 建立武装，设置官职、监狱、制定刑法，国家机构初步形成
- 禹征三苗
- 禹得舜帝位，都阳城(河南登封)，夏朝建立
- 夏朝初 1355

-03-

中国历史图谱

夏朝

华夏

不窋 —— 鞠 —— 公刘 —— 庆节 —— 皇仆 —— 差弗

相土 —— 昌若 —— 曹圉 —— 冥 —— 振 —— 微 —— 报丁 —— 报乙 —— 报丙 —— 主壬 —— 主癸 —— 天乙

夏（老丘）

禹 | 启 | 太康 | 仲康 | 相 | （无王之世） | 少康 | 杼 | 槐 | 芒 | 泄 | 不降 | 扃 | 廑 | 孔甲 | 皋 | 发 | 桀

少康封庶子于越，号曰"无余"（少康，其少子号曰于越，越国之称始于此）

夏朝历法《夏小正》

- 传说益发明凿井技术
- 禹东巡于会稽而死
- 禹传位于其子启，开始"家天下"
- 启杀益，益命人冶铜铸鼎
- 启在位十年，子太康立
- 启灭有扈氏。启命人冶铜铸鼎
- 太康于洛水之北，不得归国，其昆弟五人乃作《五子之歌》
- 太康卒，在位二十九年，有穷氏后羿立其弟仲康而权归后羿
- 羲和（掌天文历象之官）沉迷于酒，废时乱日
- 太康失国，在位十三年，子相立。帝相征淮夷
- 仲康卒，在位十三年，子相立。帝相征淮夷
- 帝相征风夷、黄夷
- 夏政凌乱，帝相居帝丘（今河南濮阳西南），依同姓部落斟灌氏、斟鄩氏
- 寒浞使其子浇灭斟灌氏、斟鄩氏，杀帝相
- 相在位二十八年被杀，寒浞篡立
- 伯明氏寒浞杀后羿
- 杼作甲和矛使其子征东夷，至于东海
- 杼迁都于原又迁老丘
- 少康卒，在位二十一年，子杼立
- 少康初作秫酒，少康使杜康，故今有酒曰杜康
- 伯靡自有鬲氏收斟灌、斟鄩二国之余众，灭寒浞而立少康
- 杼佐其父定寒浞之乱，成中兴之功
- 少康中兴
- 槐三年，九夷（畎、于、方、黄、白、赤、玄、风、阳夷）来朝
- 杼作圉（监狱）
- 槐在位二十六年卒，子芒立
- 芒在位十八年而卒，子泄立
- 泄夷等受夏爵命
- 泄在位十六年卒，子不降立
- 不降六年伐九苑
- 不降在位五十九年，其弟扃立
- 扃在位二十一年卒，子廑立
- 廑在位二十一年卒，不降子孔甲立
- 夏又衰，退居西河
- 孔甲乱夏。孔甲好方术鬼神事，淫乱，诸侯多叛，国日衰
- 孔甲作《破釜之歌》，为东音之始
- 孔甲有《盘盂》铭二十六篇
- 孔甲在位三十一年卒，子皋立
- 皋在位十一年卒，其墓在殽（河南陕州雁翎关村有传说中的皋之墓），其子发立
- 发元年，诸夷宾于王门，诸夷入舞
- 发七年泰山震，这是世界上最早的地震记录
- 发在位十三年卒，子桀立
- 桀十年，"夜中星陨如雨"，此为我国最早的陨石雨之记录
- 桀在位五十二年，灭于商
- 太史令终古泣谏帝桀，桀不听，终古奔商
- 帝桀无道，肉山酒池，赋敛无度
- 大臣关龙逢进谏为桀囚杀
- 伊尹复归于亳，告以尧舜之道，桀不听，伊尹复归于亳
- 桀以妹喜馋言杀大臣

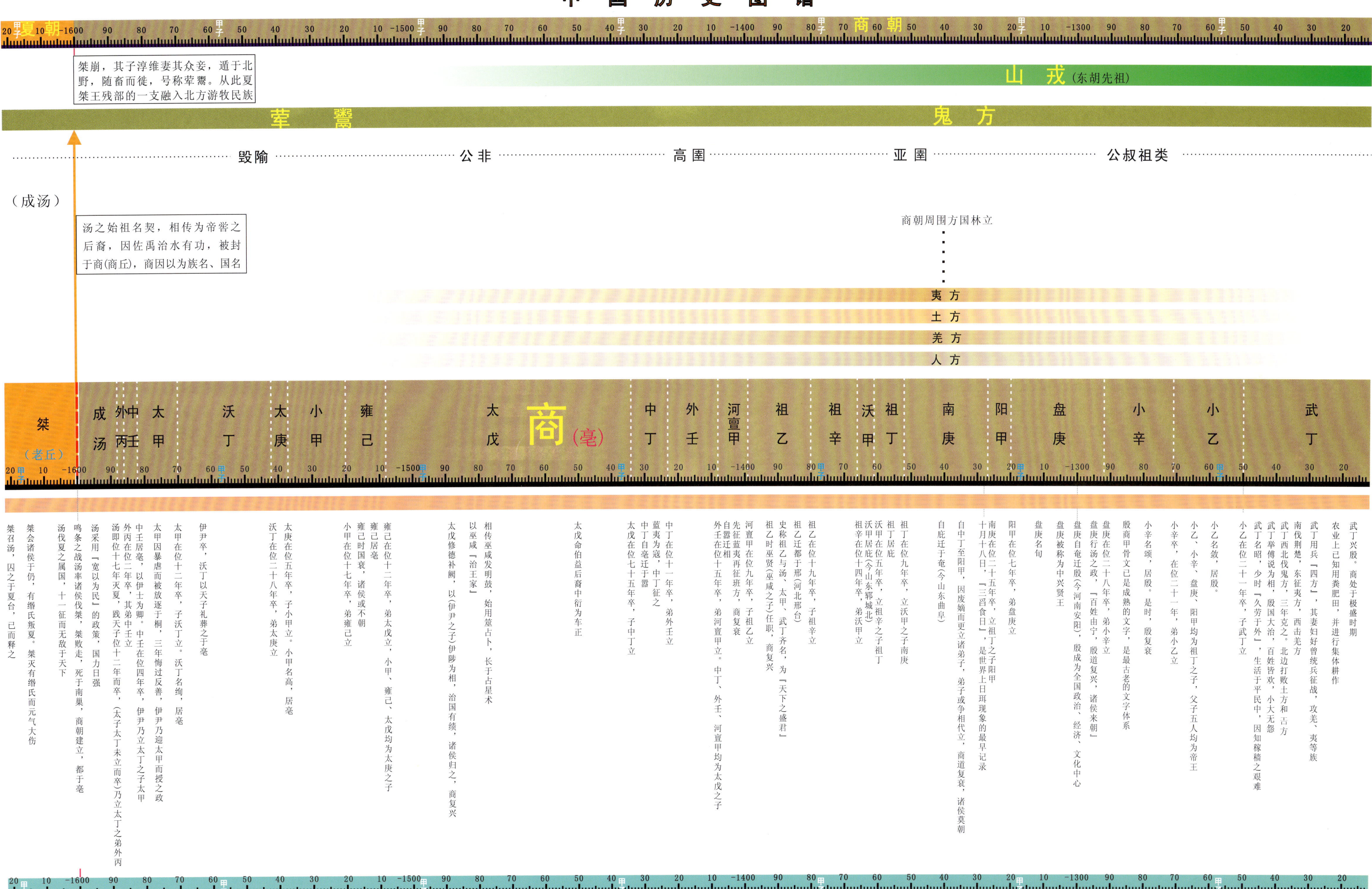

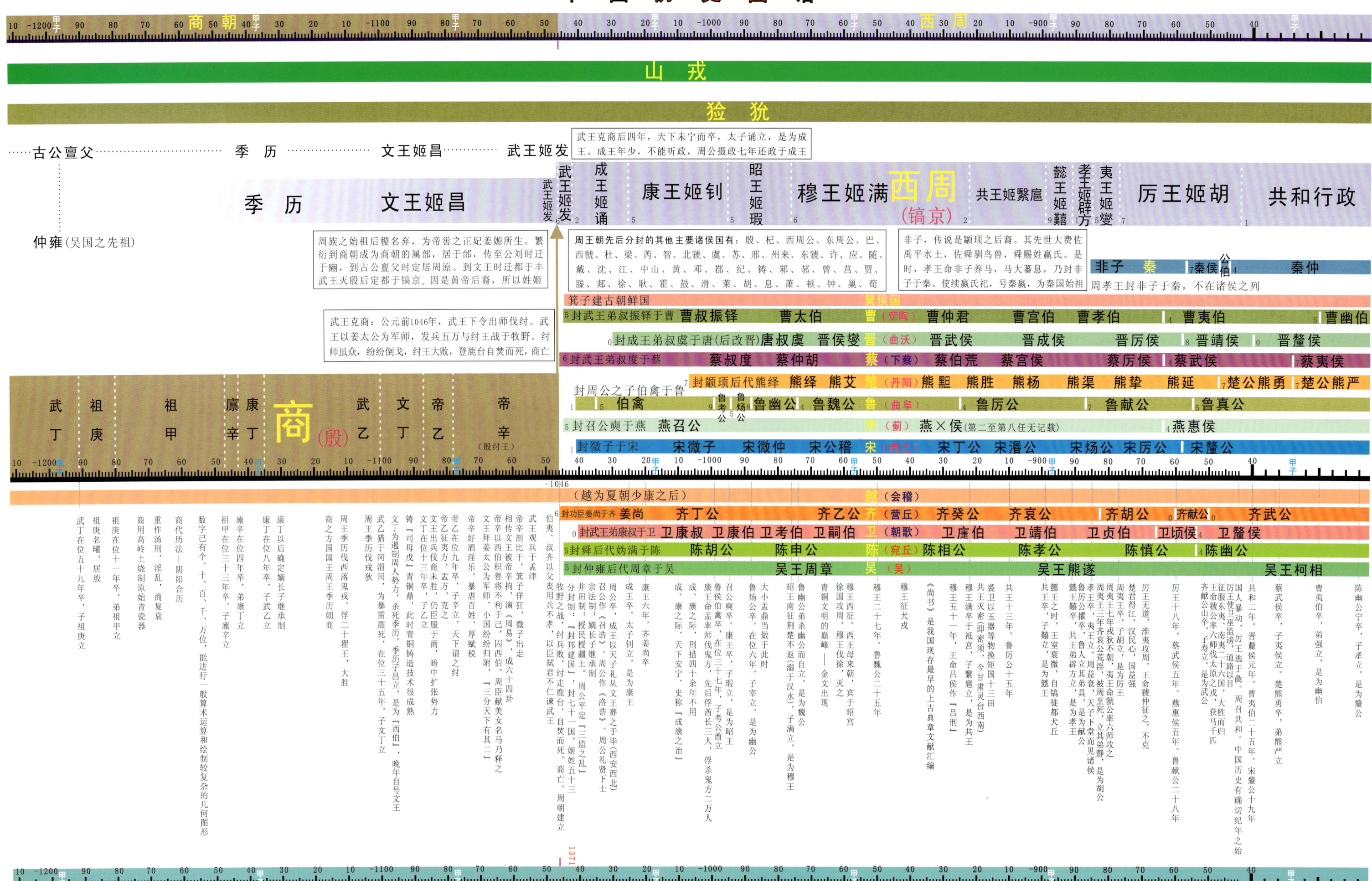

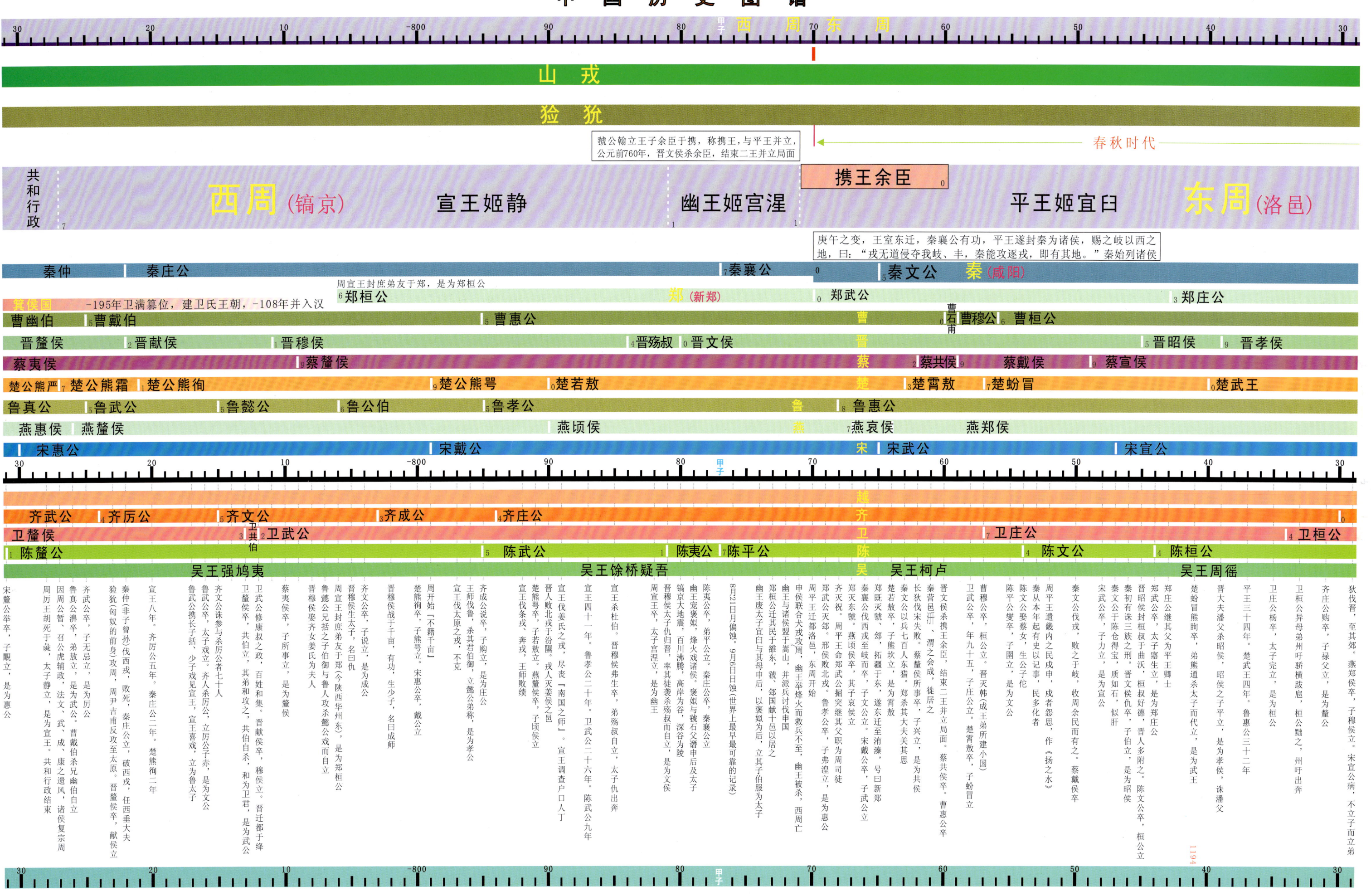

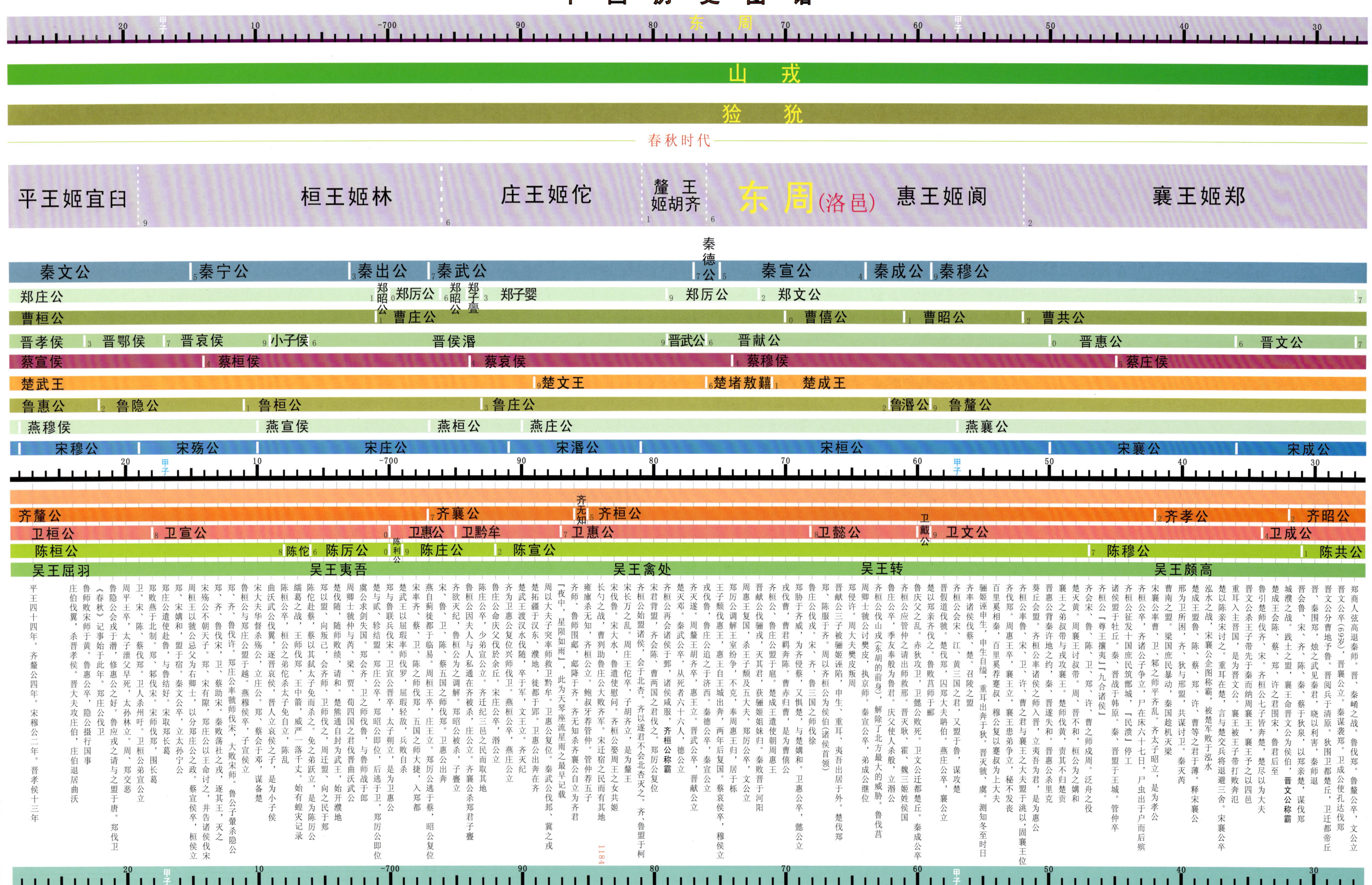

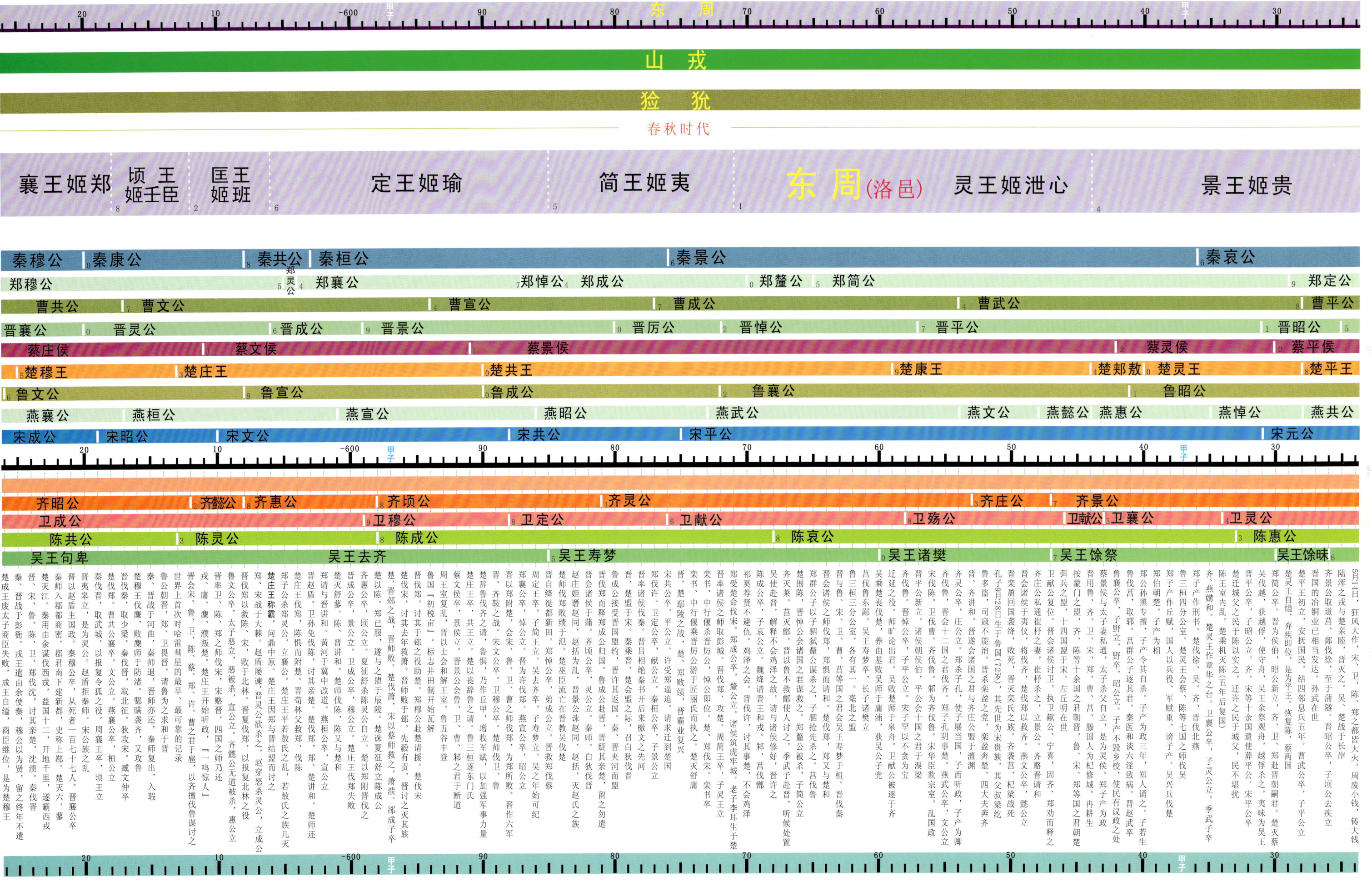

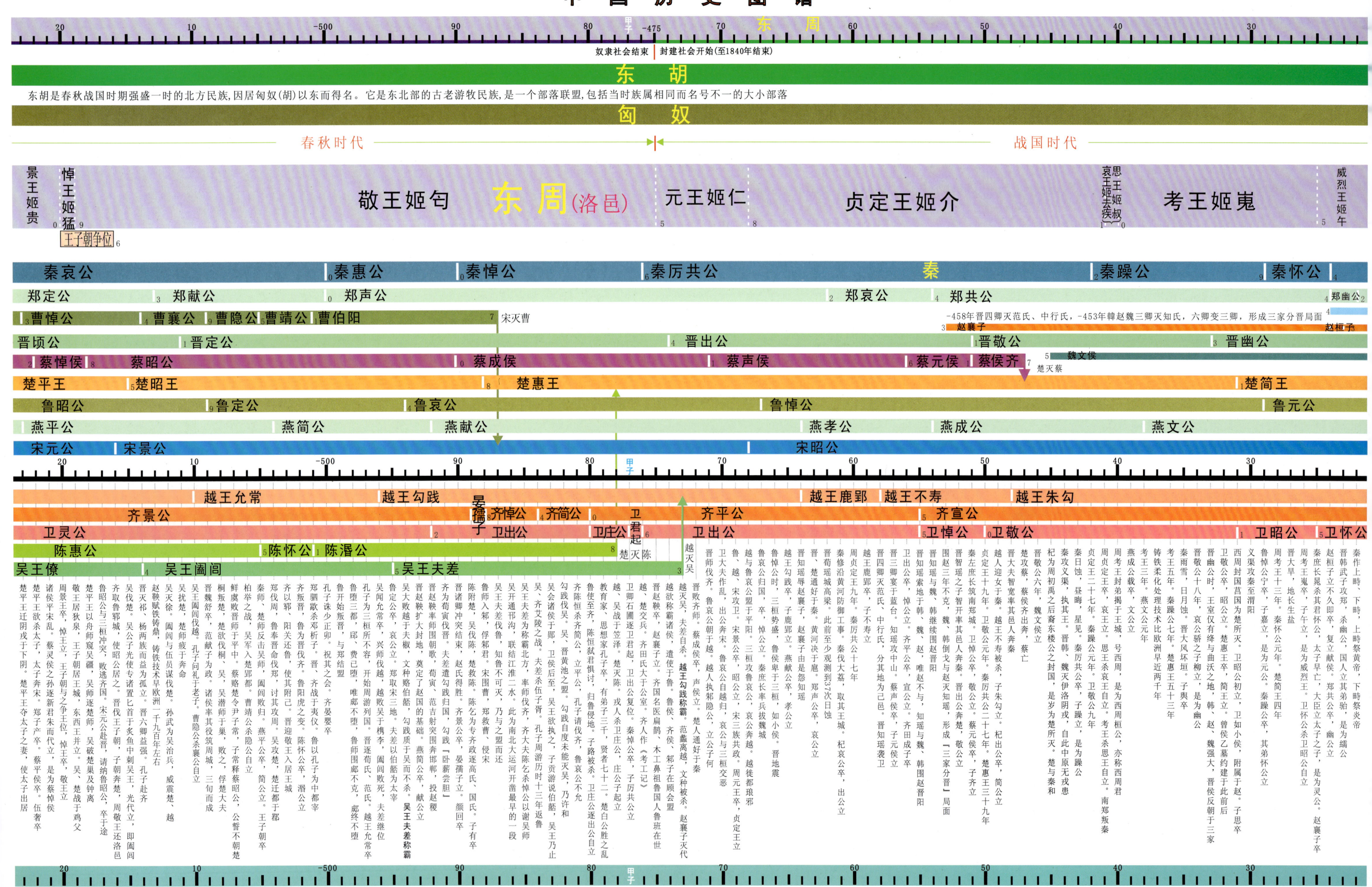

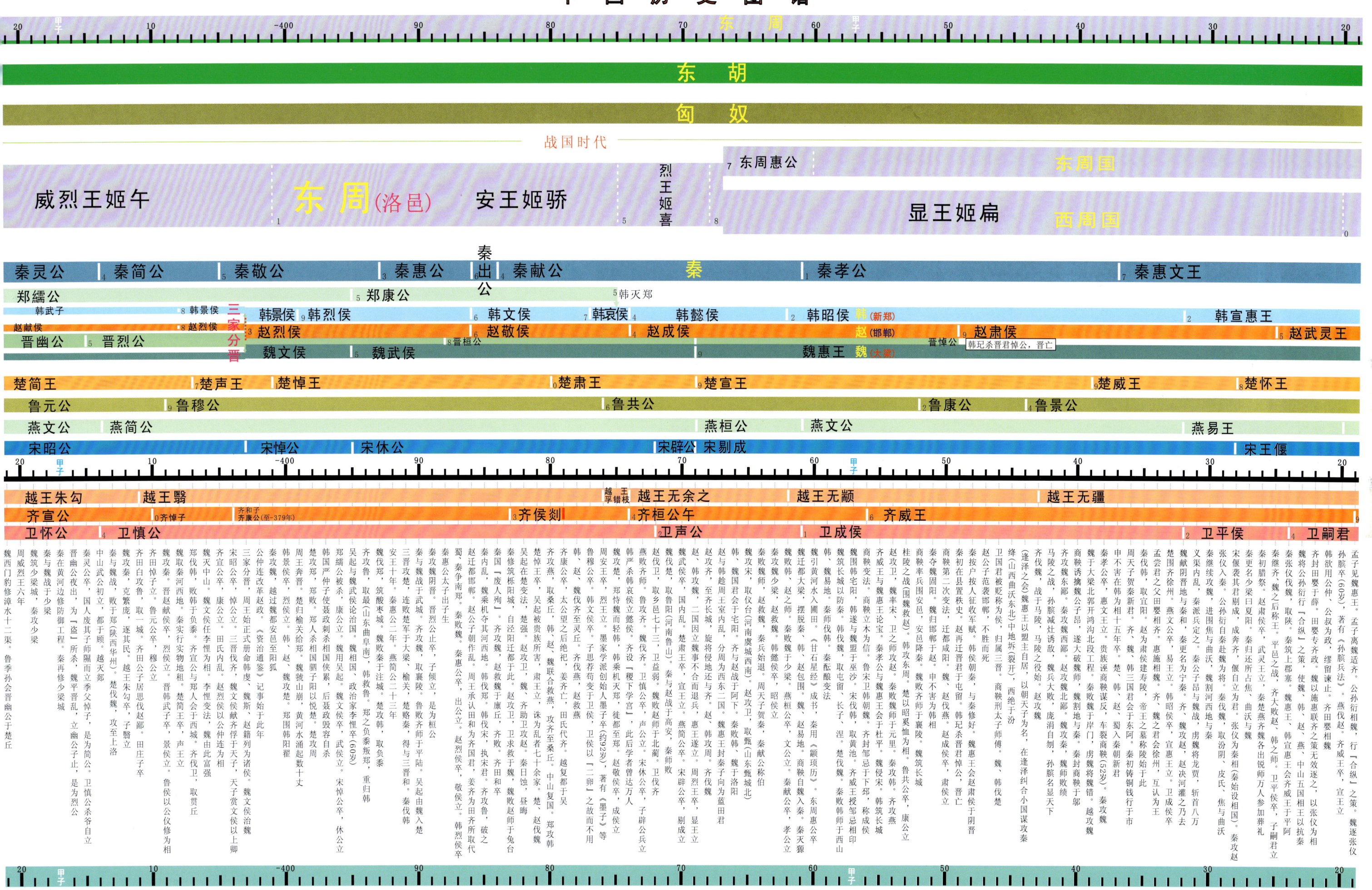

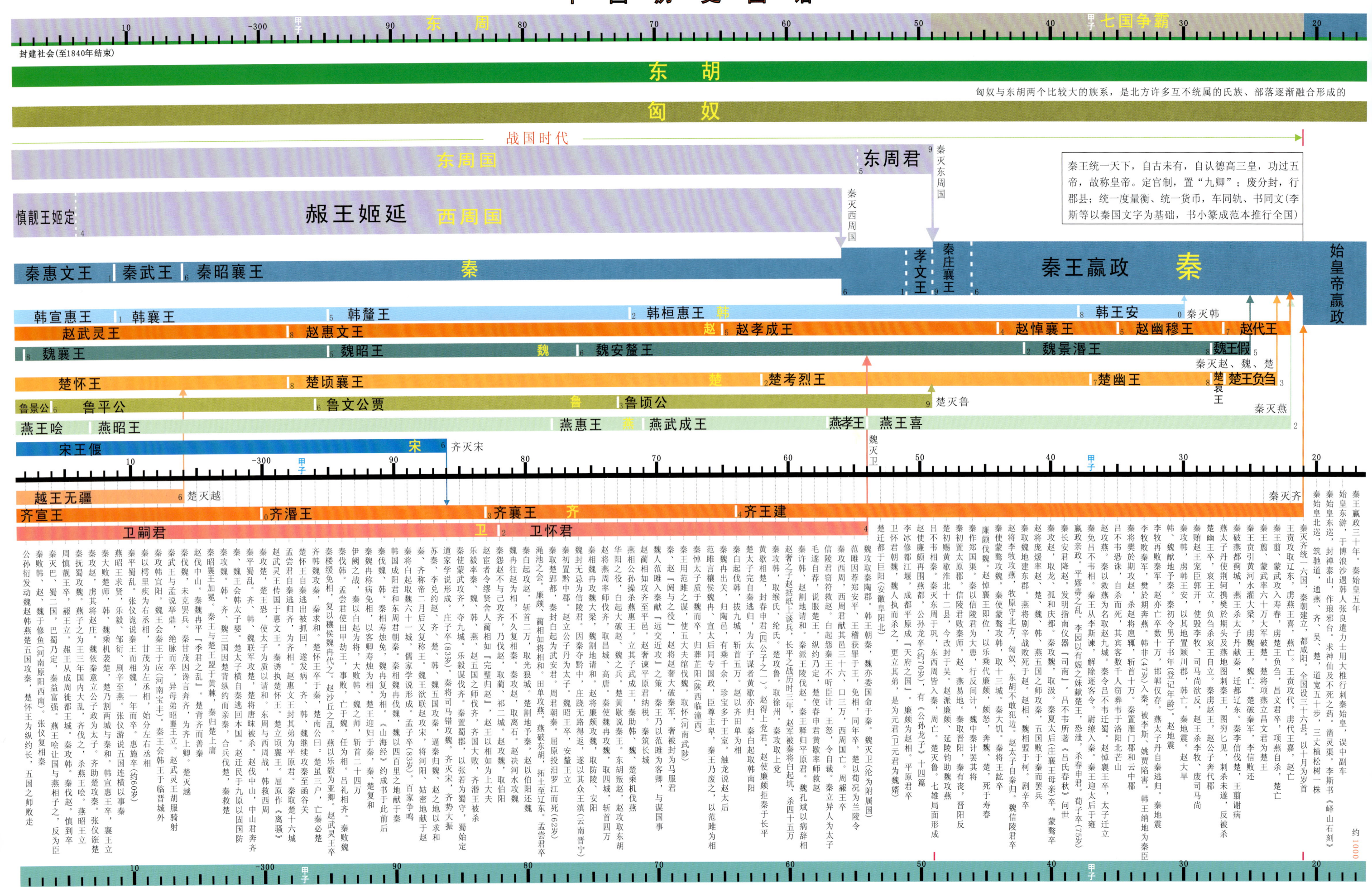

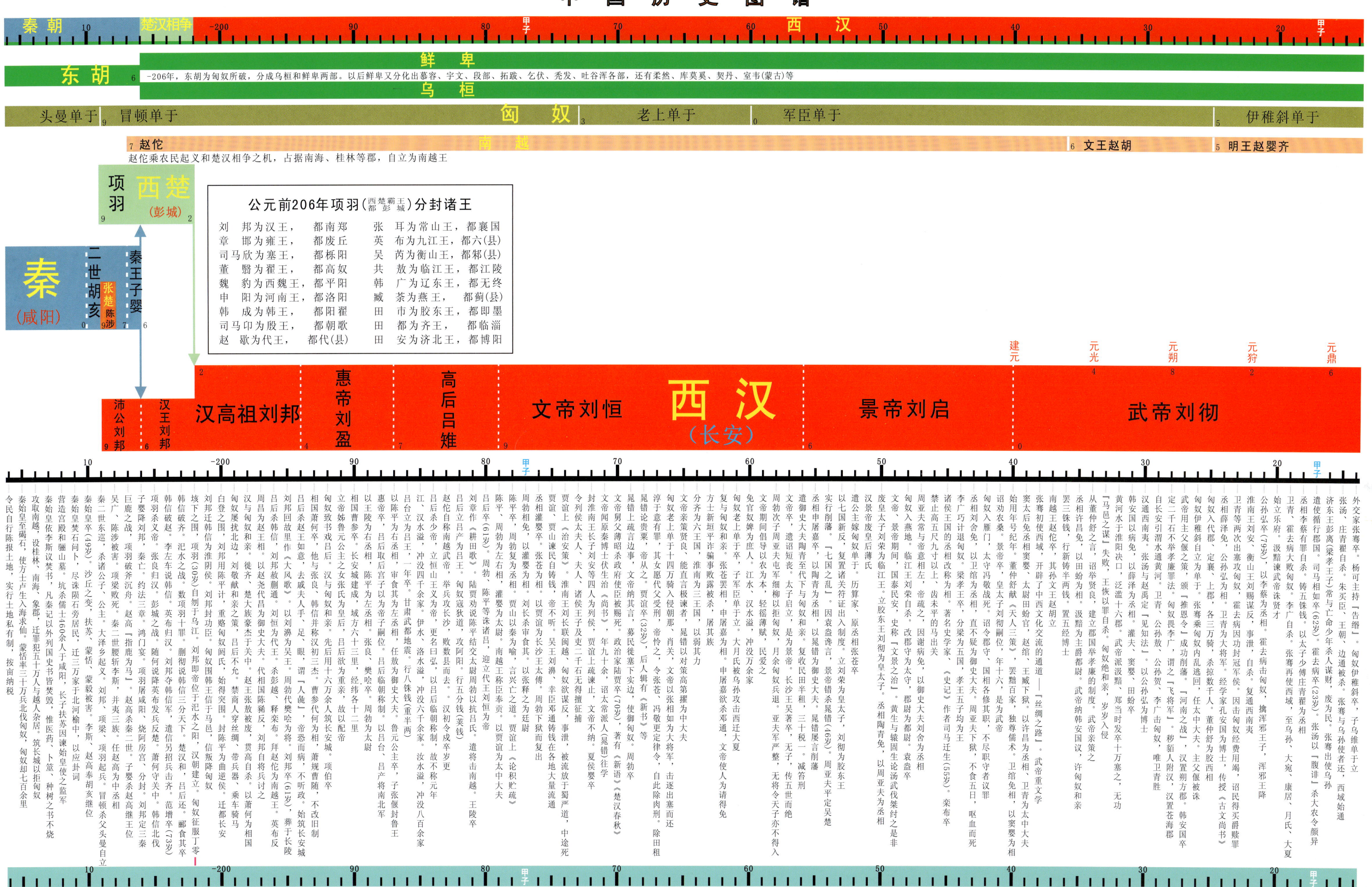

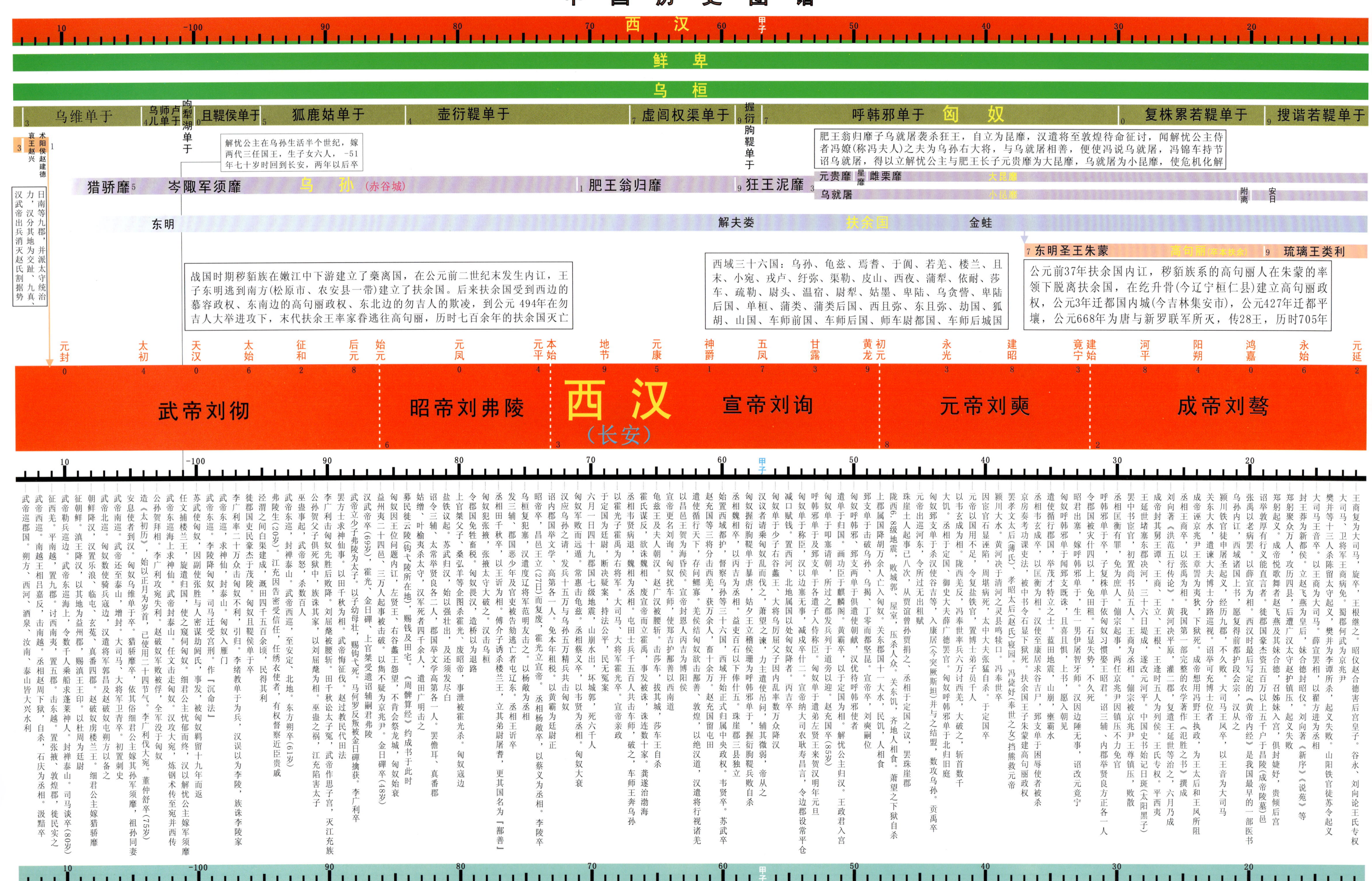

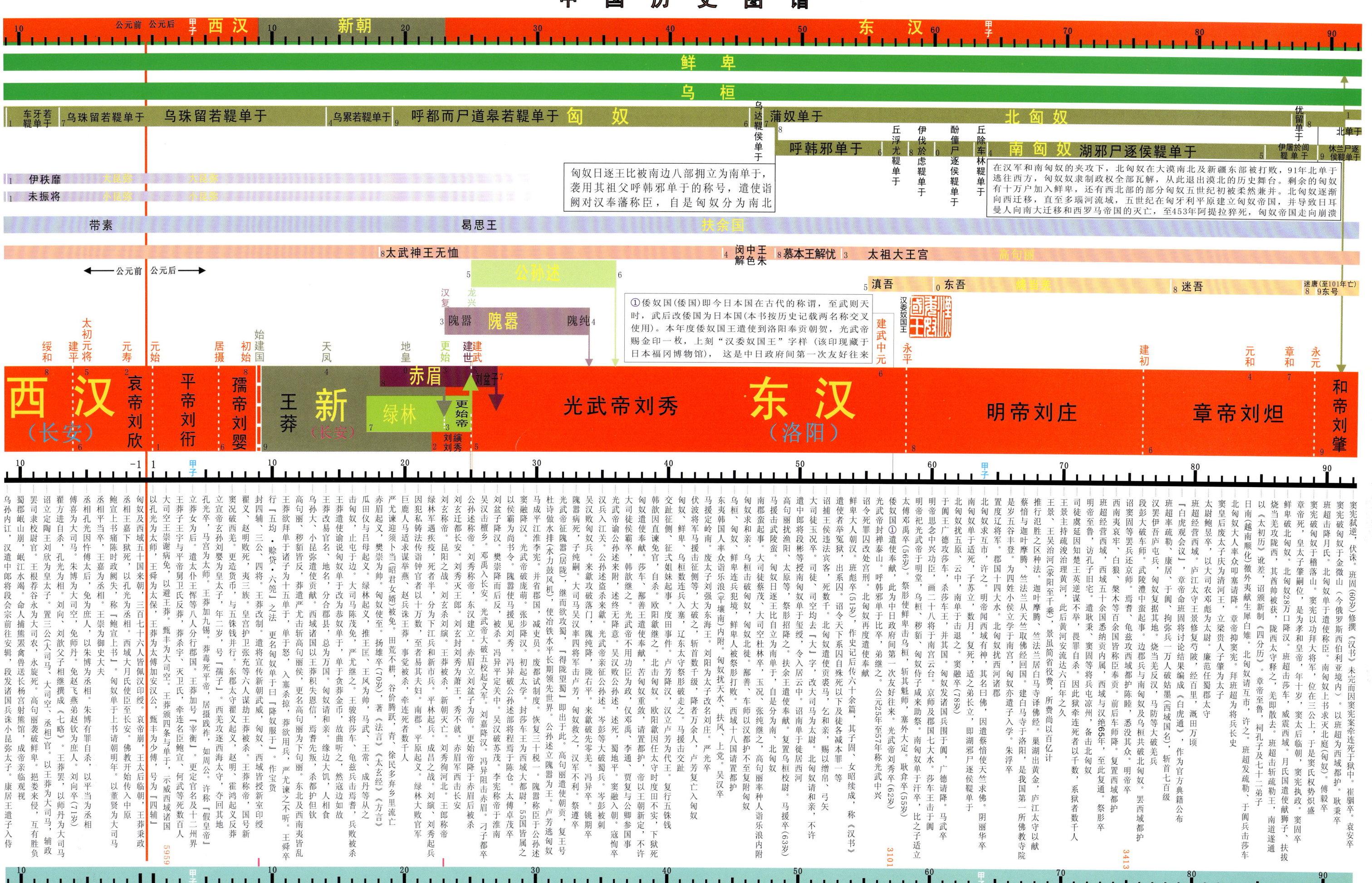

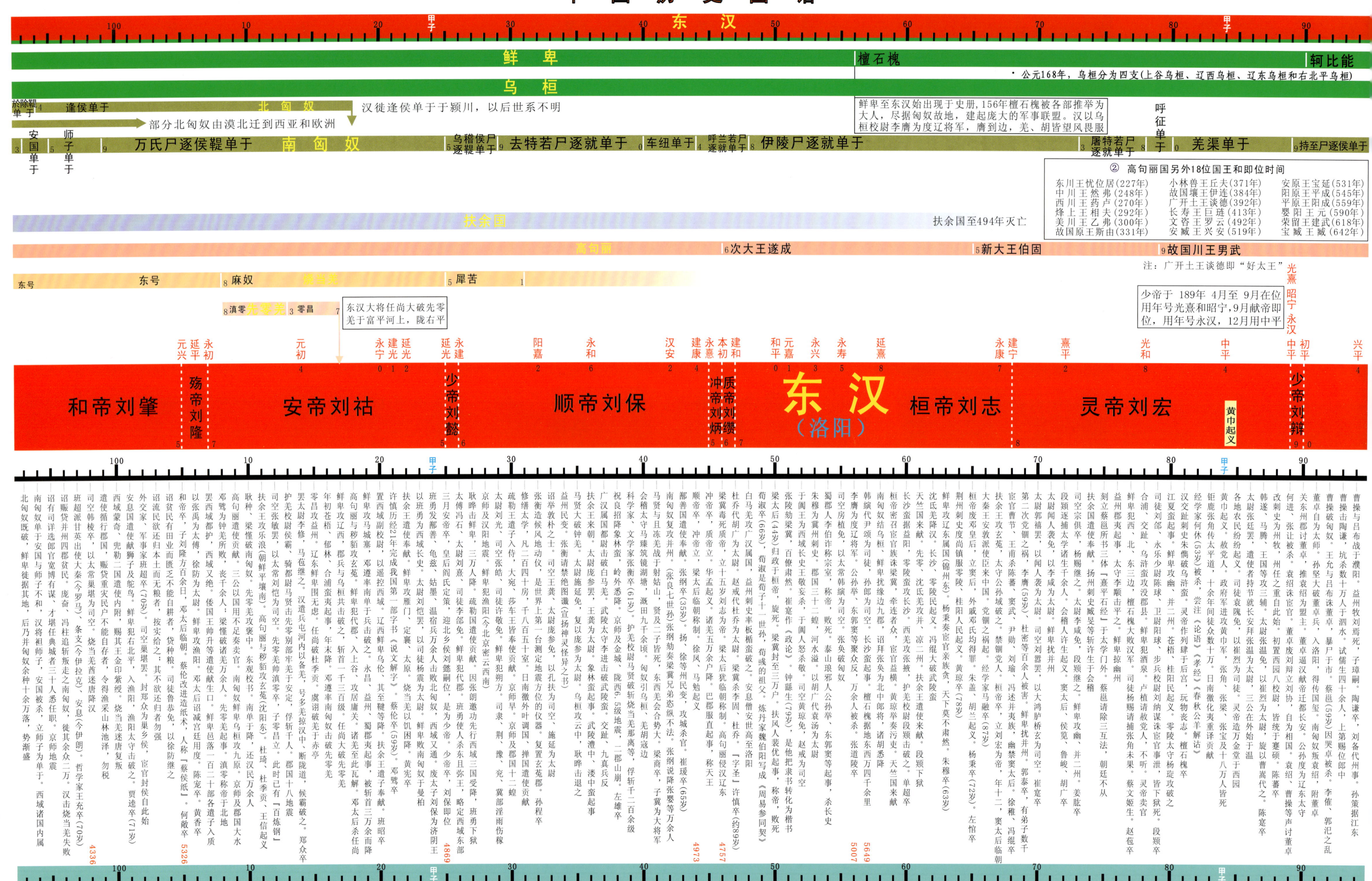

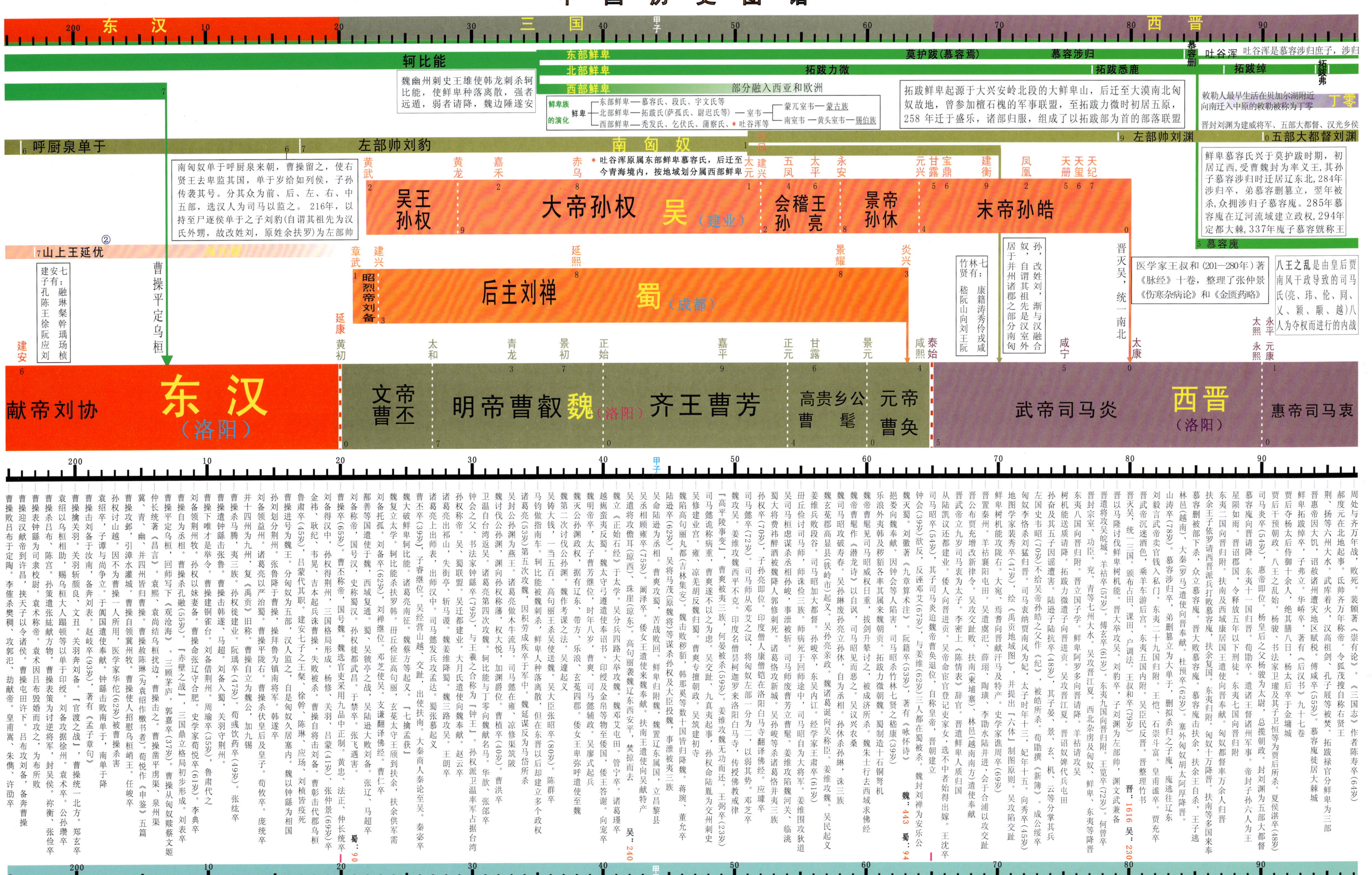

中国历史图谱

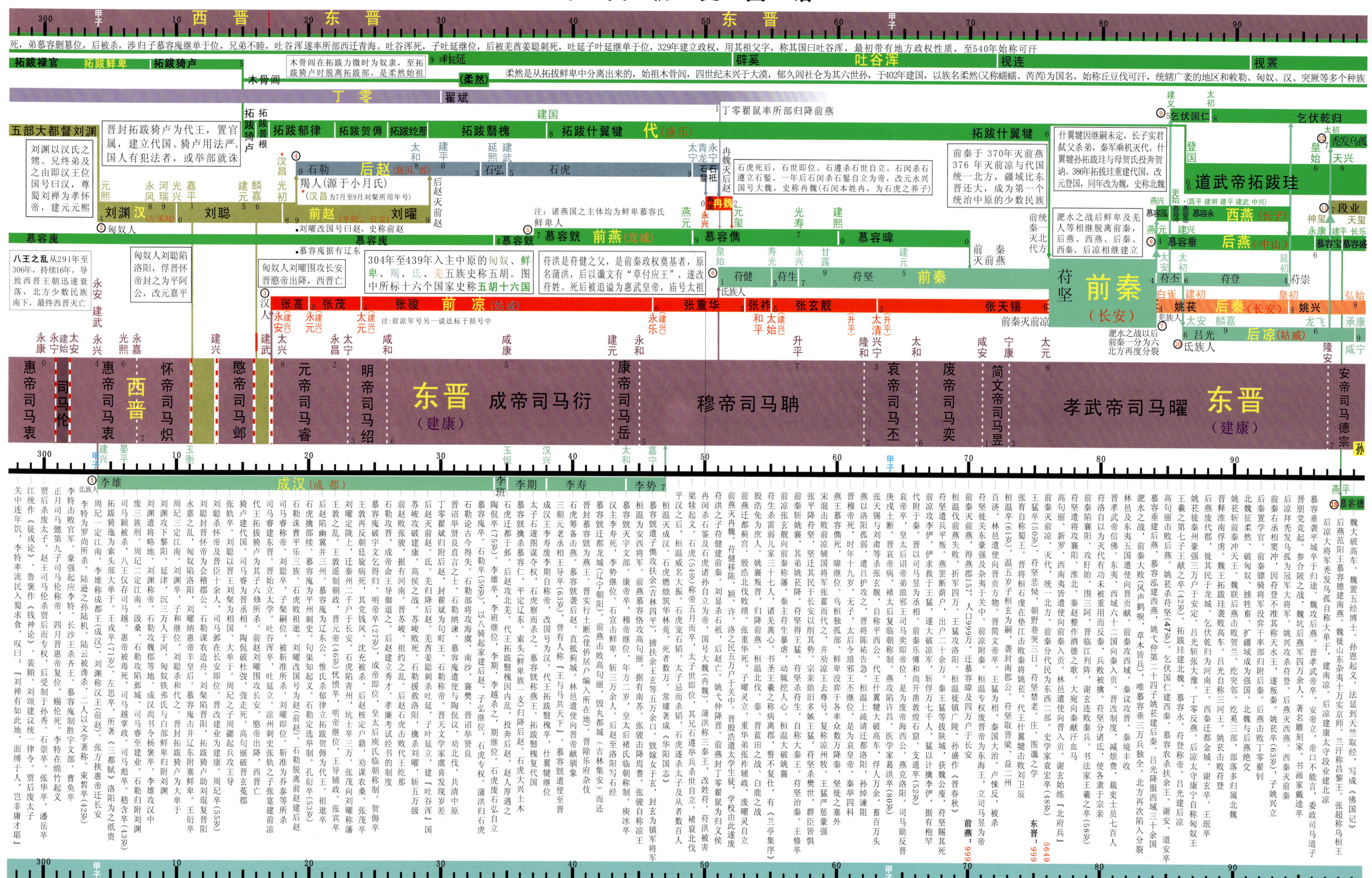

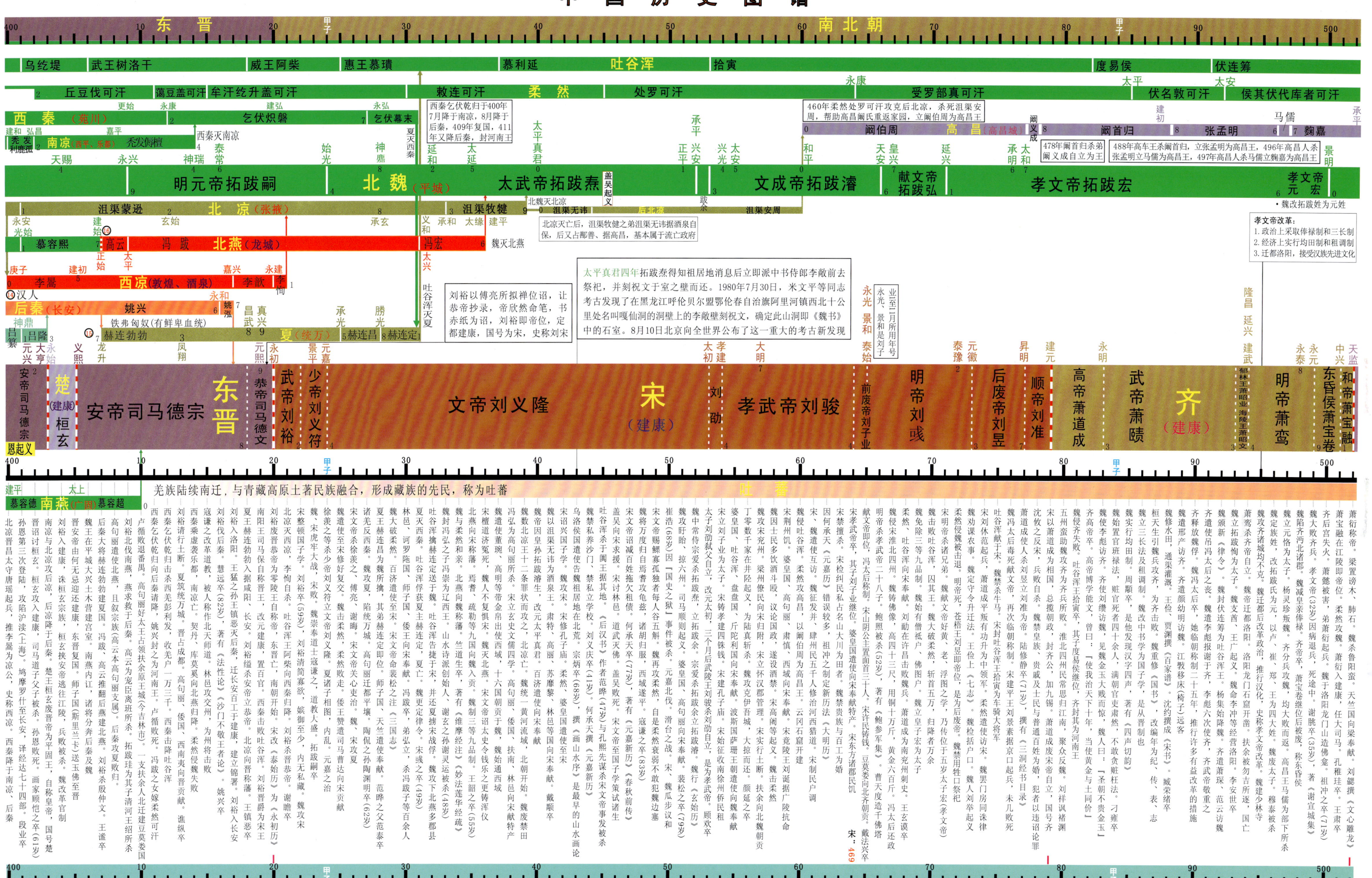

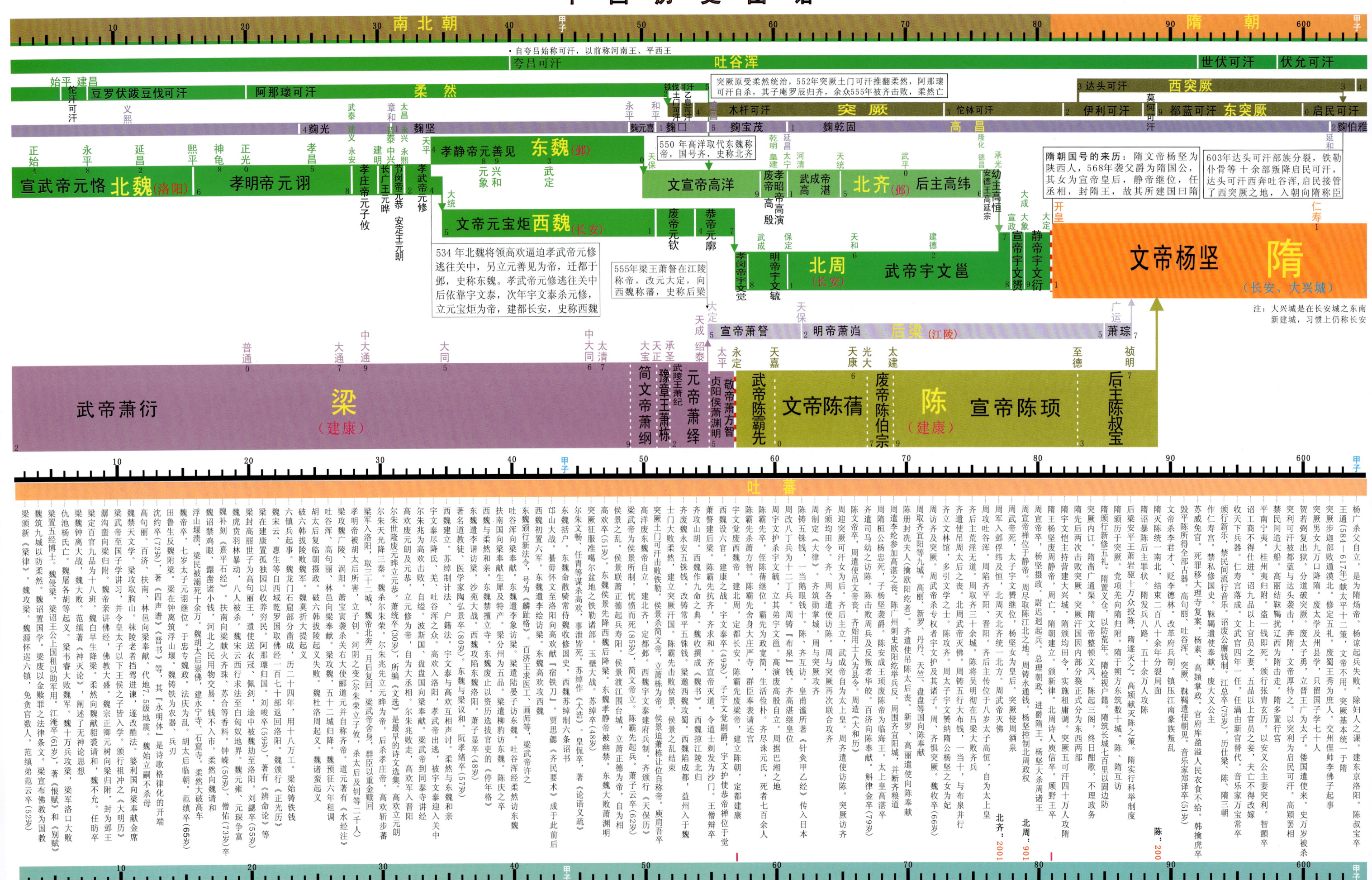

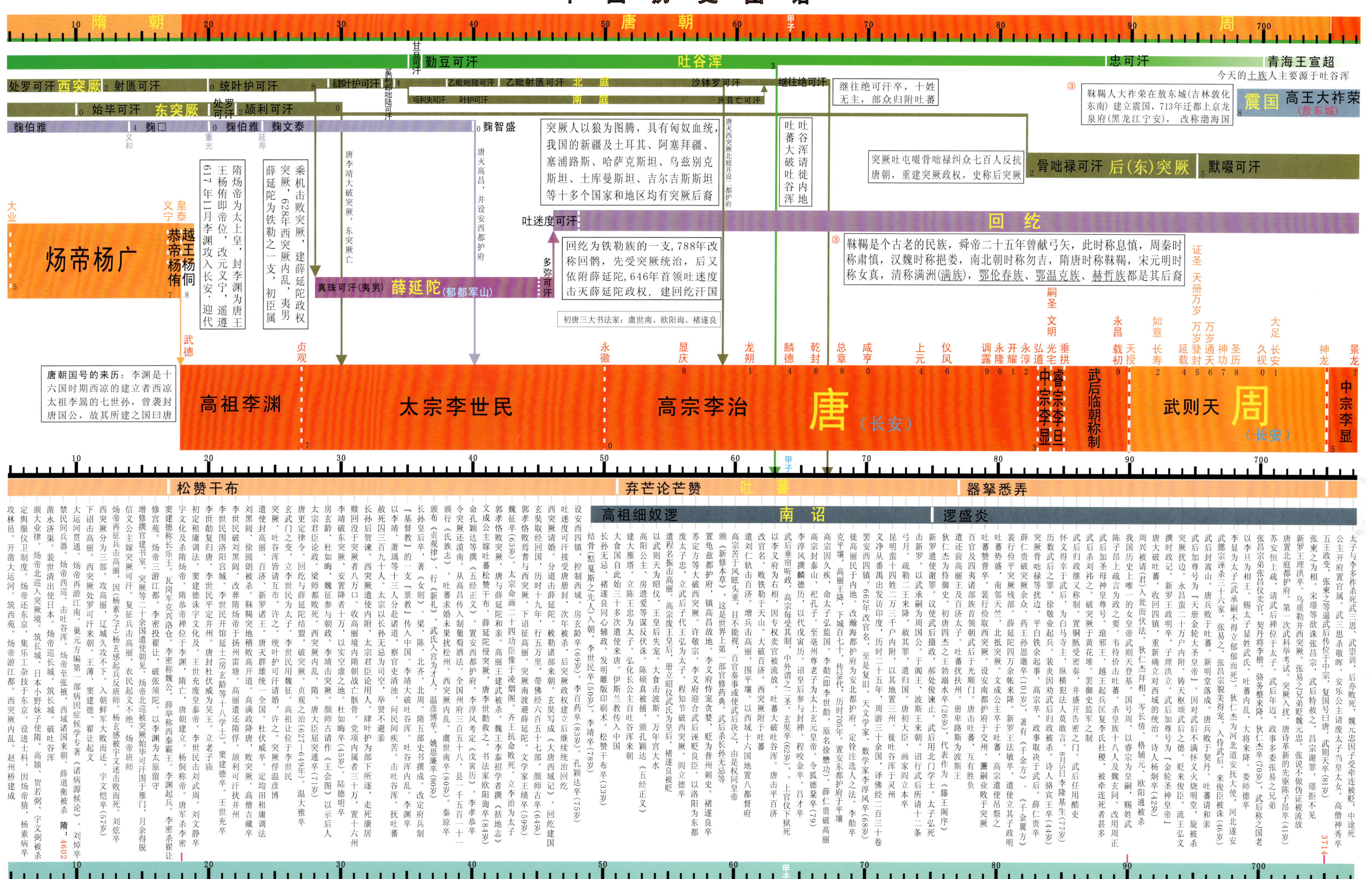
中国历史图谱

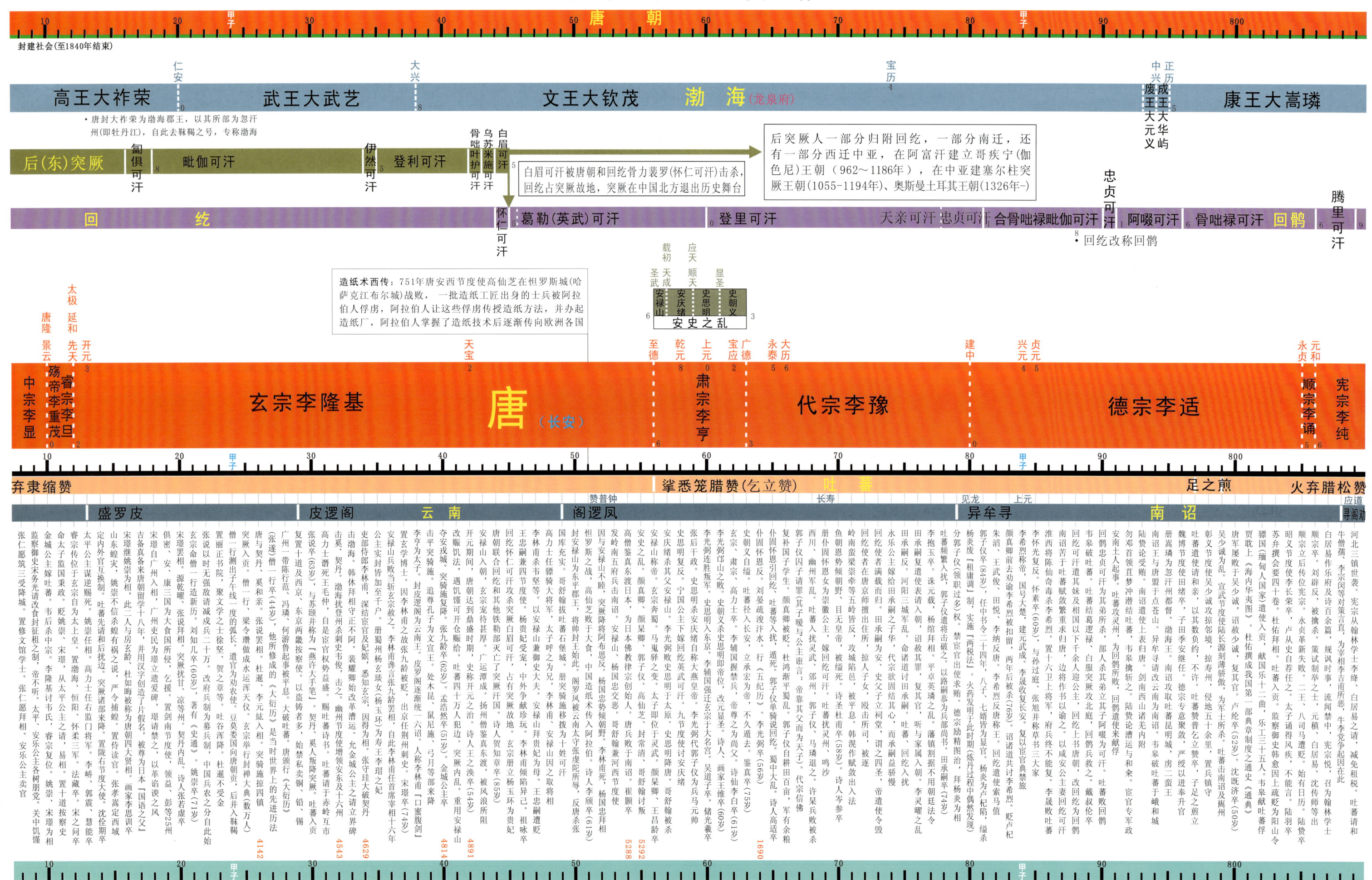

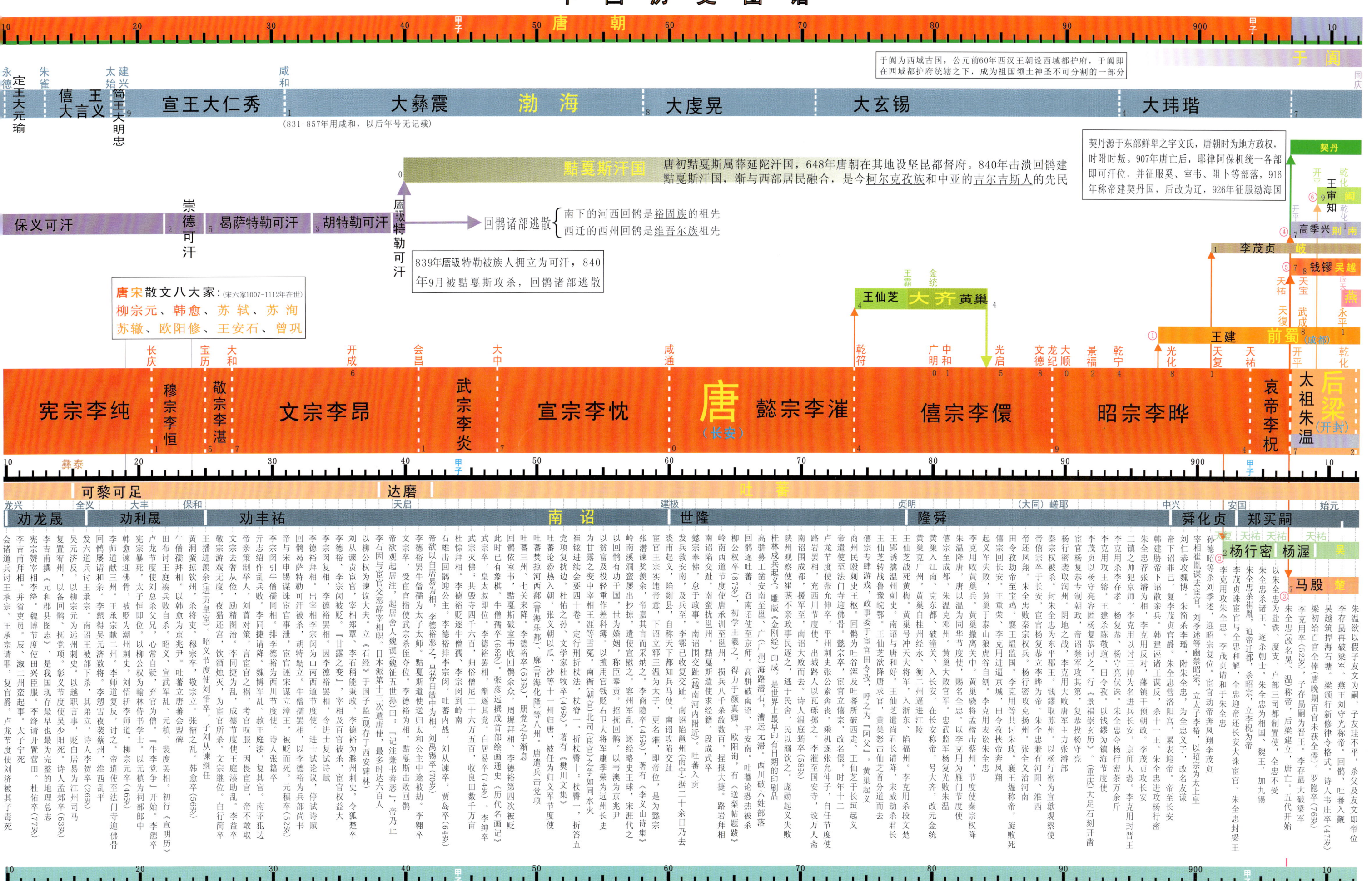

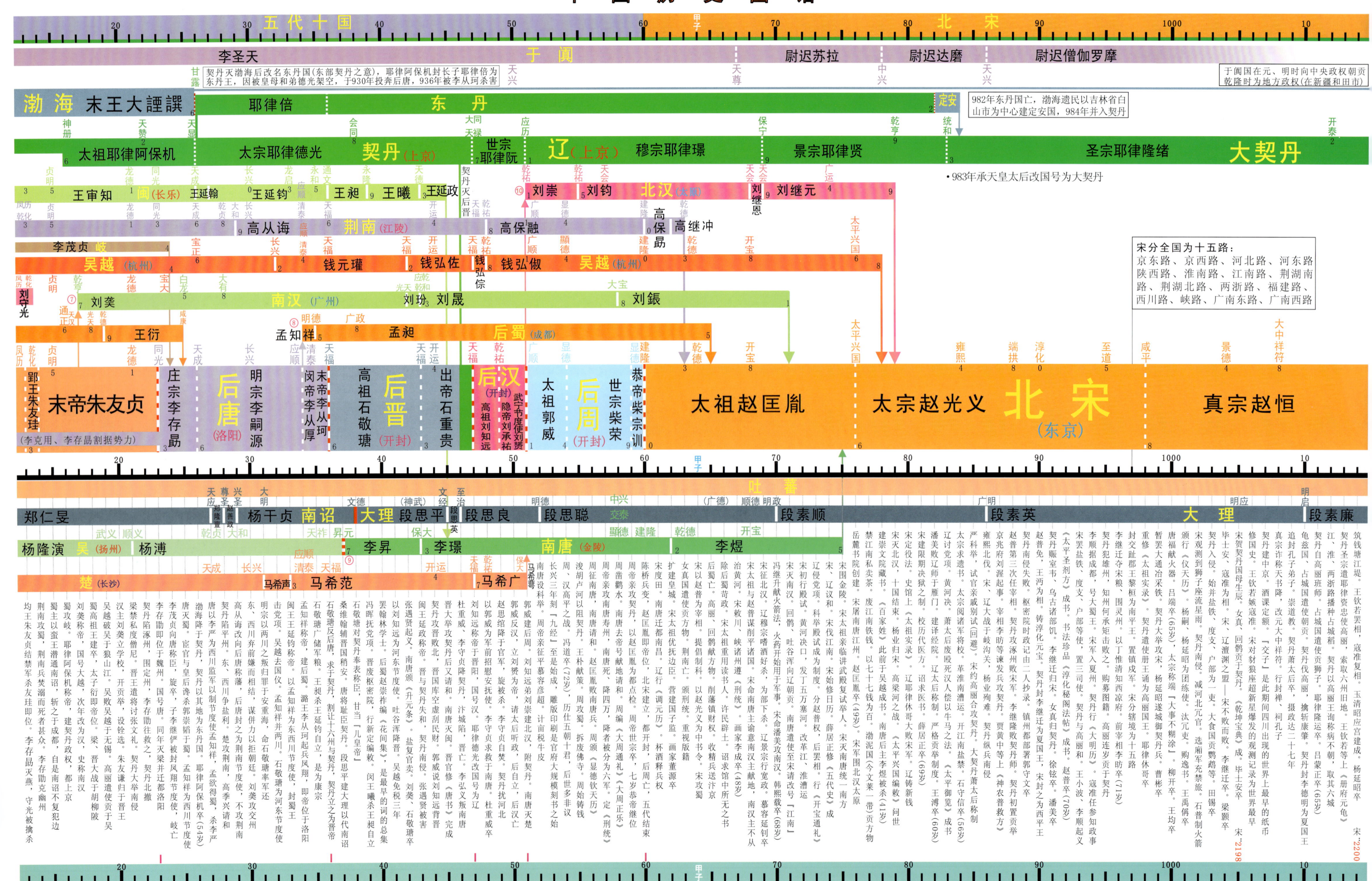

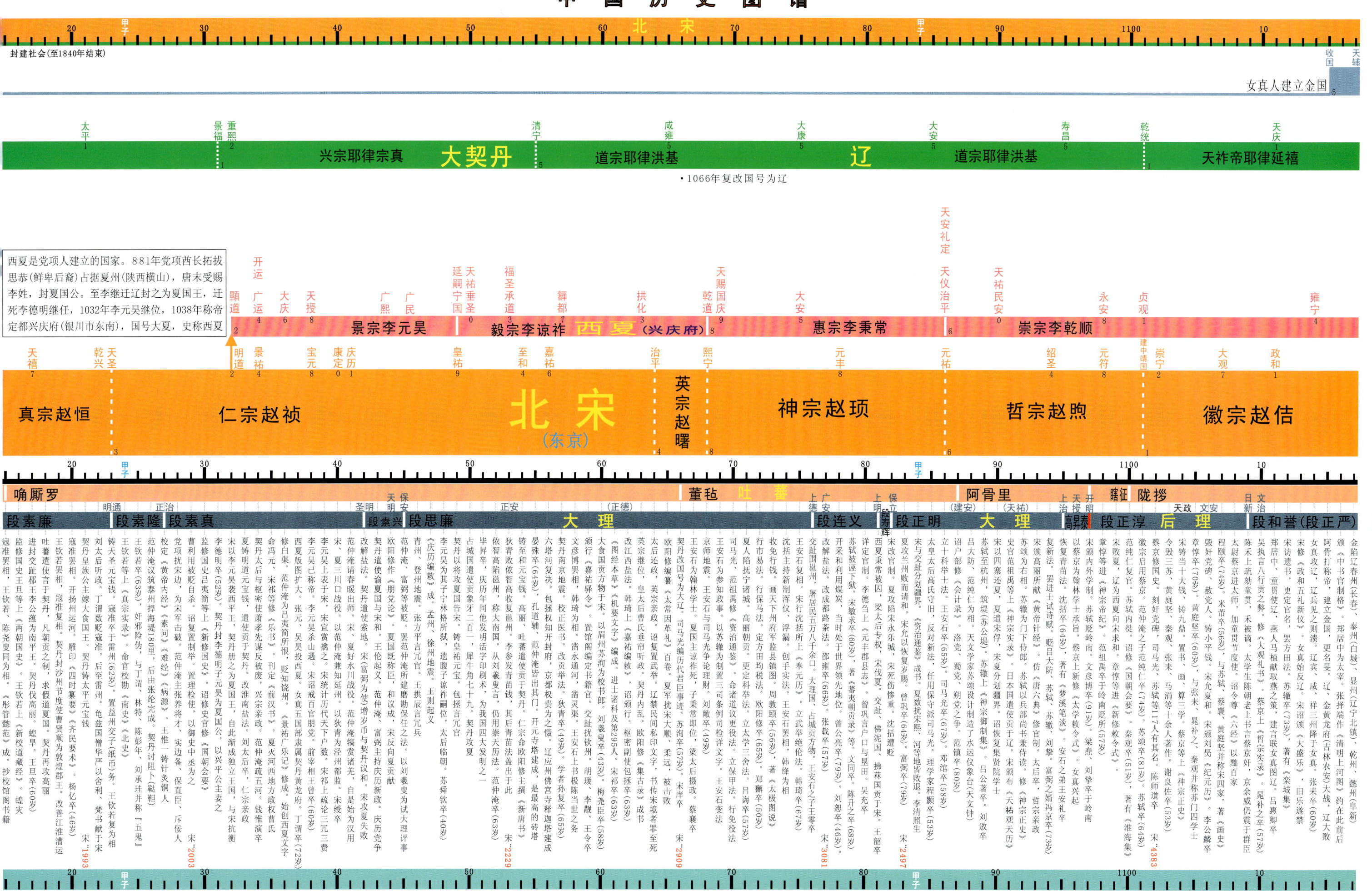

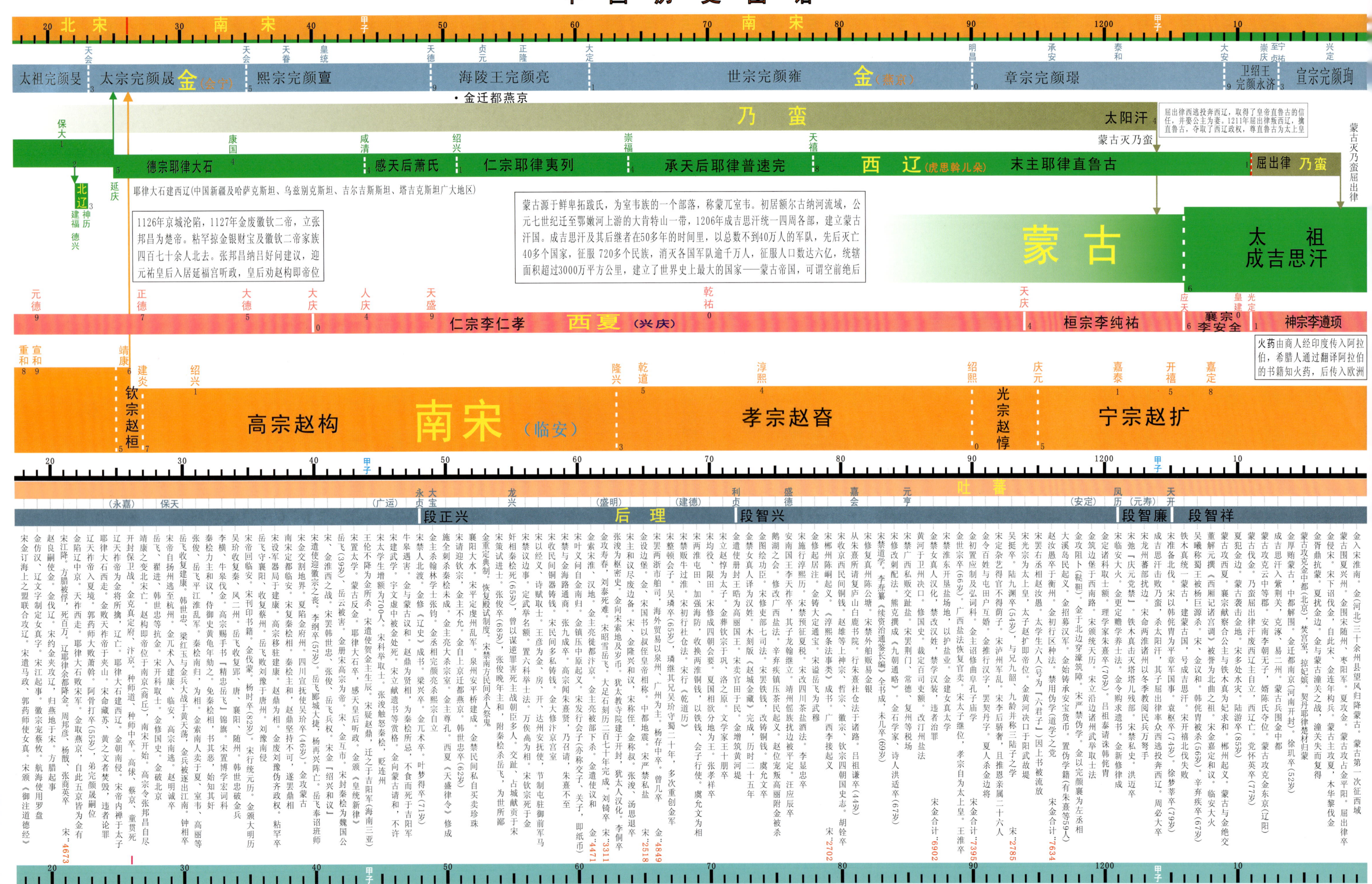

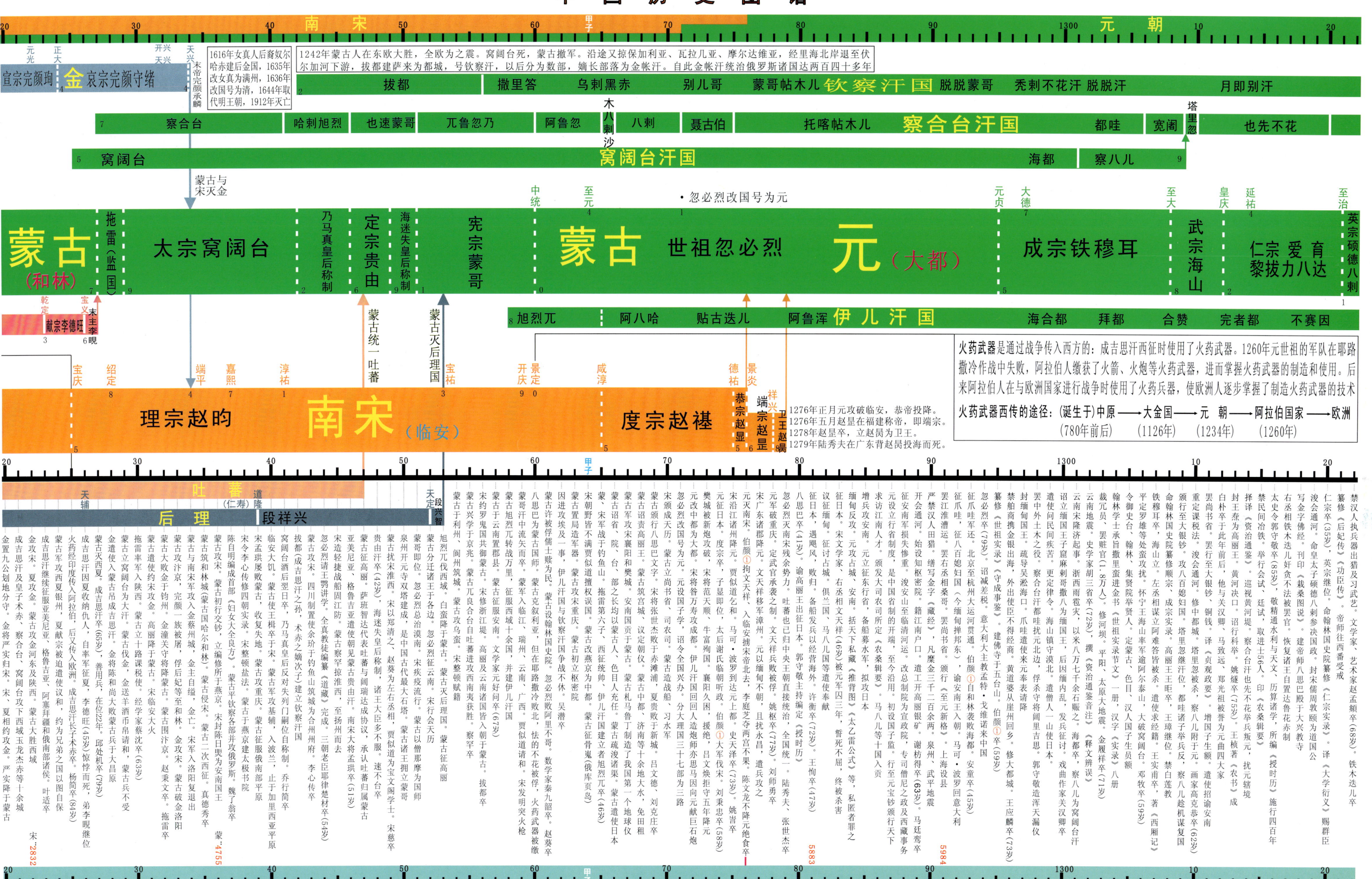

中国历史图谱

元朝 / 明朝

汗国世系

钦察汗国：扎尼别汗 — 别儿迪别 / 纳兀鲁兀即思 / 帖木儿火者 / 乞里迪别 / 阿即思汗 / 扎尼别二世 / 秃伦别·哈纳木·汗妃 / 亦里班汗 / 兀鲁斯汗 / 爱别里罕 / 合里罕

（东、西）察合台汗国

伊儿汗国

北元：昭宗爱猷识里达腊（宣光）— 后主脱古斯帖木儿（天元）— 恩克卓里克图汗 — 额勒伯克汗 — 坤帖木儿汗

鬼力赤汗 — 答里巴汗 — 额色库汗 — 鞑靼

北元坤帖木儿汗被鬼力赤所杀，鬼力赤非元帝后裔，各部不服，鬼力赤遂放弃元帝称号，改称鞑靼可汗。

马哈木 — 脱欢

帖木儿帝国（撒马尔罕）：是突厥化的蒙古人跛子帖木儿建立的又一个大帝国，鼎盛时期占有从格鲁吉亚到印度的西亚、中亚和南亚，首都初为撒马尔罕，后迁到今阿富汗西部的赫拉特。1507年亡于突厥的乌兹别克部落。末代可汗巴布尔迁至印度开创了莫卧儿王朝。

元（大都）

泰定 / 致和 / 天顺 / 天历 / 至顺 / 元统 / 至元 / 至正

英宗硕德八剌 / 泰定帝也孙铁木儿 / 阿剌吉八 / 明宗和世㻋 / 文宗图帖睦尔 / 宁宗懿璘质班 / 顺帝妥懽帖睦尔

• 爱新觉罗·孟特穆（63岁）

• 爱新觉罗·充善（48岁）

清王朝的先祖：孟特穆为明朝建州女真部落首领，努尔哈赤的七世祖

② 注："•"在1370年，指其出生时间，以后类同

明（应天府）

洪武 / 建文 / 永乐

治平 / 太平 / 天启 / 天定 / 大义 / 大定 / 德寿

徐寿辉 天完 — 陈友谅 大汉 — 陈理

吴王朱元璋 → 太祖朱元璋 — 惠帝朱允炆 — 成祖朱棣

本图谱记载元朝两个伯颜：
① 武将（领兵伐宋）伯颜（1236-1295年）
② 文臣（右丞相）伯颜（1280-1340年）

颁《大元通制》／安南国遣使朝贡，命翰林国史院纂修英宗实录。熊吾尔卒（77岁）马端临卒（69岁）／广西瑶民起义，命吴澄、李鲁等八十五人，修《英宗实录》／廷试进士，阿察赤、李黼等七十八人赐进士及第。造中统、至元钞出十万锭，维吾尔族诗人贯云石卒（38岁）日本船商至福建互市／泰定帝卒，文宗复位。南坡之变，熊吾尔卒。二千石官七品，宗室实录／黄道婆（85岁）她引进黄州纺织技术，明尼暴死，妥帖睦尔入继大统／贞观政要，伯颜（28岁）为右丞相，以诛杀张、燕铁木儿（伯颜）于松江乌泥泾（上海）一带纺织业做出巨大贡献／平定云南蛮乱，黜伯颜②，伯颜移都汴阳，国号江夏／明相脱脱引退，脱脱复起事，方国珍起事 等／黜伯颜②，文学家赵孟頫卒（76岁），修国史／黄河北决，修黄河金堤。沈元官、文学家柯九思卒（54岁）集《道园学古录》《道园类稿》／正统3年，兔差税三分。天下大饥，水旱频仍。水旱兼至三岁，詹事试1278人，黄河泛滥。文学家揭傒斯卒（70岁）遣官奉使宣抚，询访民瘼。宋史／帝亲试进士78人。山东蒋河诸郡饥，方国珍起义。中书右丞吕思诚卒（55岁）泰州进士阿鲁图奉诏撰相，不听。诛阿鲁劳功不听。印造至元钞九十万锭。免差税三分／丞相伯颜②诬宋欲谋为变，请杀张、高邮会战。脱脱脱兵与高邮，罢所职。宣城脱脱，贬徙云南。徐寿辉部遣明玉珍攻重庆／招募南人从军，黄河决堤。翰林学士揭傒斯卒（70岁）／黄河泛溢，文学家苏天爵卒（64岁）修辽、金、宋史／张士诚进驻高邮，兔死，禁告讦。元亡于此。宋史／朱元璋取婺州。朱元璋取常州，越宋濂为学士。宣徽院使崔敬卒（72岁）／朱元璋改立盐法，朱元璋改立税法，茶法。家彦诚卒／修龙凤钞法，朱元璋称吴国公。陈友谅杀徐寿辉，称帝，国号大汉。朱元璋攻占徽州。文学家诗人王冕卒（72岁）高明卒（77岁）琵琶记，高明卒／朱元璋取蕲州，改元至正二十一代，历年，徐寿辉部遣明玉珍入蜀，宋蕲卒，明玉珍自称陇蜀王／吴王李升敦义，方国珍称帝于蜀，国号大夏。陈友谅败死，蜀地归附，陈理在湖广归附，陈友谅部张士诚攻灭徐寿辉部元军。方国珍归顺元朝，方国珍灭明玉珍，通好元朝／吴王讨诸侯。陕西，开平大饥。明玉珍卒（38岁）子明升嗣位。宋史／朱元璋攻占大都，元亡。明朝建立。大都北平，北省起义，刘福通，韩林儿命／吴王讨诸侯。民田荒野，民户入数，元末濠州人，上蕲州，蜀明玉珍之子明升主持朝政。朱元璋命徐达、常遇春北上灭元，子朱文正卒（39岁）／始设八股文。分三路征北元，宣化南宋，迁官民国内江南宋王朝。修蒙古故地。琉球、高丽等入贡。元顺帝北走，死于应昌。史称北元／《水浒传》修，分三路征北元，立十二卫三府。明军入北京。元顺帝卒（51岁）爱猷识里达腊即位，仍称大元，史称北元。／始行殿试。《水浒传》作者施耐庵卒（71岁）分封诸王，设立布政使司，都指挥使司，按察使司之制。废中书省，拆分诸府，不复设。诸司可直接汇报朝廷。爱新觉罗·孟特穆生／裁宰相。《水浒传》修，分三路征北元。移民屯田中北平。以吐鲁番朝贡，琉球罢贡。胡惟庸为右相。汪广洋贬放广州，死于道中。修元史／封曹阳朱高炽为王。设立布政，都指挥使司，按察使司之制。废中书省。／胡惟庸案，诛连三万人，废丞相，集权于中央。左丞胡惟庸案发，诛五万人，罢中书省。右丞相徐达、诸王、将军、都统、都指挥北伐，大破扩廓帖木儿，自此元军不振。《大明律》颁。家倪瓒卒（74岁）倪瓒卒。国家王蒙卒（63岁）／徐达北征。败元军于灰河。家王蒙卒。修《洪武正韵》／圈兵北伐，陕西甘肃平定，复设蒙古军卫，帖木儿帝国与明通好。吴面儿山黄来降／颁《大明律》，遣使日本。元顺帝卒，爱猷识里达腊继位，兵败脱欢帖木儿。征云南，设云南布政司，乌斯藏都指挥司。于辽东设立九夷卫。击汪大渊《岛夷志略》成。元末濠州人，徐达北征，击败元军开平，元军败，脱欢帖木儿北走。海防事务兴起。公鼎卒（45岁）／太傅魏国公徐达卒（53岁）颁《大诰》。朱元璋诛贪官，郭桓案，皇室庄田图册，以登记土地。太傅郭英卒。《大诰续编》成。／颁《大明律》元军扩廓帖木儿卒。明朝科举乡试，须明达五经之理方得入选。宋濂（71岁）卒，因长孙宋慎案牵连，贬谪蜀地死。伊儿汗国公脱不花卒。日本入贡。明将傅友德伐云南。家王蒙案被诛，制定鱼鳞图册。名儒贵溪吴伯宗卒／令文武将臣习骑射。今云南、贵州云南平，云南纳入版图／燕王朱棣出征。徐达次女册为太子妃。韩国公李善长（77岁）赐死。被诬为胡党，全家被诛。文学家宋讷卒（79岁）韩国公李善长（77岁）赐死。燕王朱棣北征。家周朗卒／燕王朱棣出征北元。朱棣次子朱高煦生／明太子朱标卒。朱允炆为皇长孙。复设锦衣卫，禁严酷刑。岷王朱楩受封。皇太子朱标卒／明将冯胜、傅友德攻破纳哈出，李景隆／颁《大诰三编》《大诰武编》《大诰武臣》／蓝玉案、军界元勋蓝玉下狱被杀。辽东诸将多入胡惟庸党，杀蓝玉、冯胜、傅友德等。吴印卒（65岁）蓝玉案／诏贪赃枉法者，杖毙之刑。冯胜被赐死／令天下在官吏不得任本省之职。冯胜赐死／颁《寰宇通衢》。傅友德、王弼赐死／明太祖朱元璋卒（70岁）皇太孙朱允炆即位，是为惠帝，年号建文，朱允炆即位年号为／蜀王朱椿改封蜀王为岷王。建文帝改革政治，用齐泰、黄子澄，减轻刑律，下令削藩王。周、齐、岷、湘、代等藩王被削。燕王朱棣起兵"靖难之役"。燕王朱棣破北平，打着清君侧为名，遣兵讨伐齐泰、黄子澄。燕王朱棣败于河间，燕王朱棣攻济南不下／燕王朱棣兵败于东昌，死亡良将。李景隆被诛。燕王朱棣攻入京师，建文帝不知去向。朱棣登基，以明年为永乐元年。朱高炽被立为皇太子。靖难之役死亡将士数万人，朱棣诛杀方孝孺／郑和第一次下西洋，郑和塔爵，此次西洋之行开始，帝大兴土木，工匠百万之多，浚通大运河。修《永乐大典》《四书大全》。《性理大全》成书。朱高煦改封汉王。姚广孝卒（84岁）授定国子监祭酒，周、齐、代、岷王等藩王复爵。杀骈叔温、李景隆等／郑和第二次下西洋。元蒙古之后阿鲁台袭击贵族被杀。额赫伯克汗又子罗勃儿伯汗自立，授封子朱高熙为汉王。平胸之刑，解缙下狱死／郑和第三次下西洋，修理明成祖朱棣殿。交趾反叛。黄淮，杨荣，杨溥等入内阁。征安南之役。黄淮死狱中。北京宫殿始建。朱棣在扬州赏赐，郑和奉命第四次下西洋／郑和第四次下西洋，成立镇京卫，以黄淮之父黄裕为监督使。三次出兵蒙古，命杨荣等辅助皇帝处理政务。杨基卒（83岁）日本入贡。都督陈瑄开会通河。瓦剌马哈木、太平、脱欢贡使来朝。朱棣追封马哈木，大宁卫与开平卫多次打击鬼力赤汗部众（46岁）／瓦剌马哈木为顺宁王，太平为贤义王，脱欢为安乐王。琉球（宽公主之子）入朝觐见。朱棣第二次亲征蒙古。兵败马哈木于忽兰忽失温（今蒙古乌兰巴托）。鬼力赤被杀／明成祖朱棣第三次亲征蒙古。击奥兰河与蒙古鞑靼阿鲁台战，鬼力赤部子脱欢率众来降，瓦剌兀良哈马哈木卒，子脱欢继位，弟也先嗣位／《三国演义》作者罗贯中卒（64岁）／朱棣迁都北京。改南京为留都。西汉王朱高煦从山东乐安叛乱。北京宫城建成，耗时十九载，历十六卫所长达七年。宫殿失火，北京城的三大殿，奉天殿（太和殿）、华盖殿（中和殿）、谨身殿（保和殿）被焚毁。朱棣于1420年命于谦，皇亲、驸马不得干政。设立东厂。郑和第五次下西洋，始设贵州布政使司。遣使出使东瀛。郑和塔爵，明成祖朱棣第四次亲征蒙古，汉王朱高煦国都北京，世界级的外交。遣返朝鲜使节。"永乐大典"全书成。《性理大全》颁行。修《五经四书大全》成。朱棣第五次亲征蒙古。成祖朱棣第四次亲征蒙古。明皇子朱瞻基生于北京燕王邸。朱棣第五次亲征蒙古，卒于榆木川（64岁）。皇太子朱高炽继位，是为仁宗

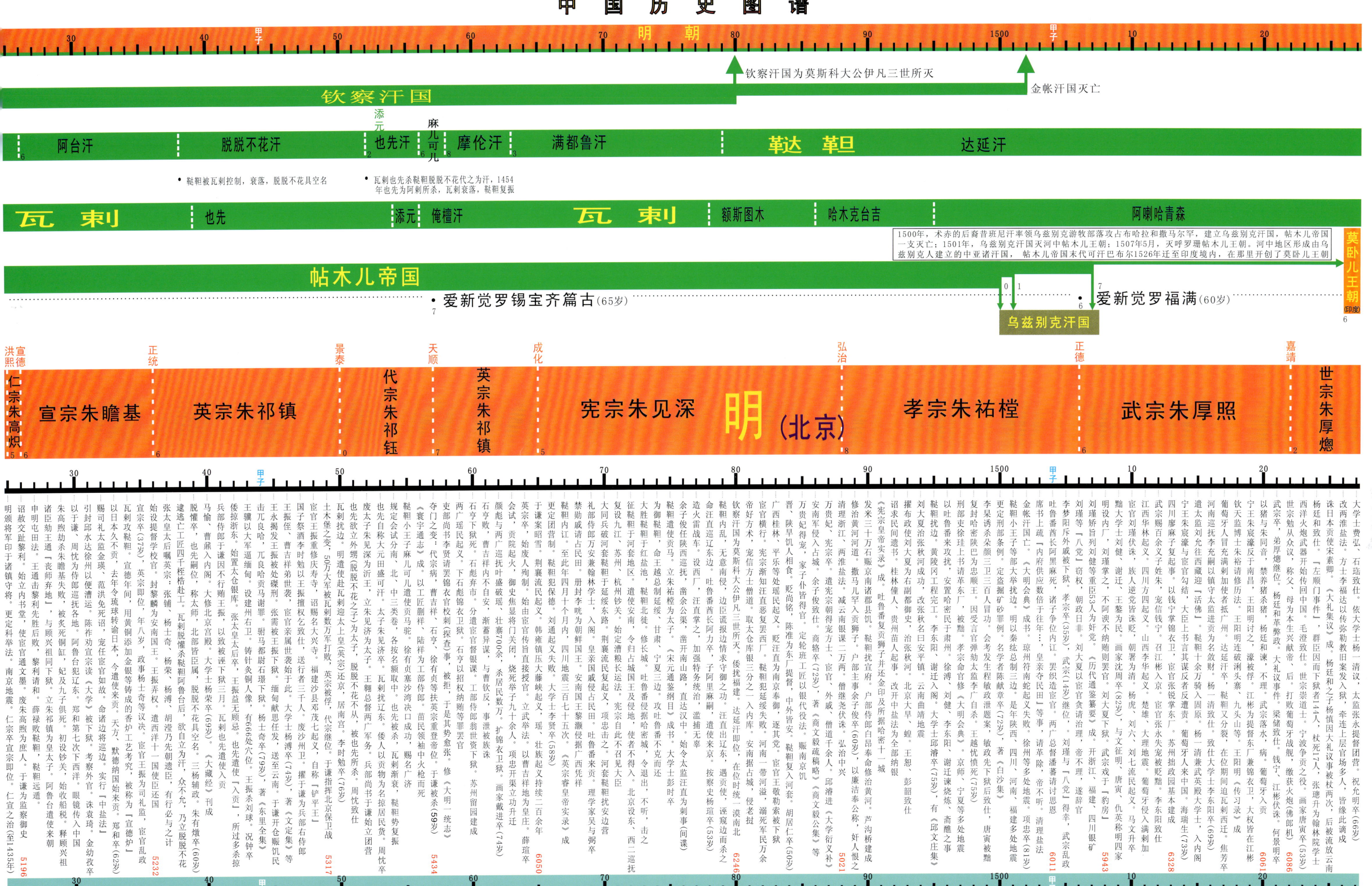

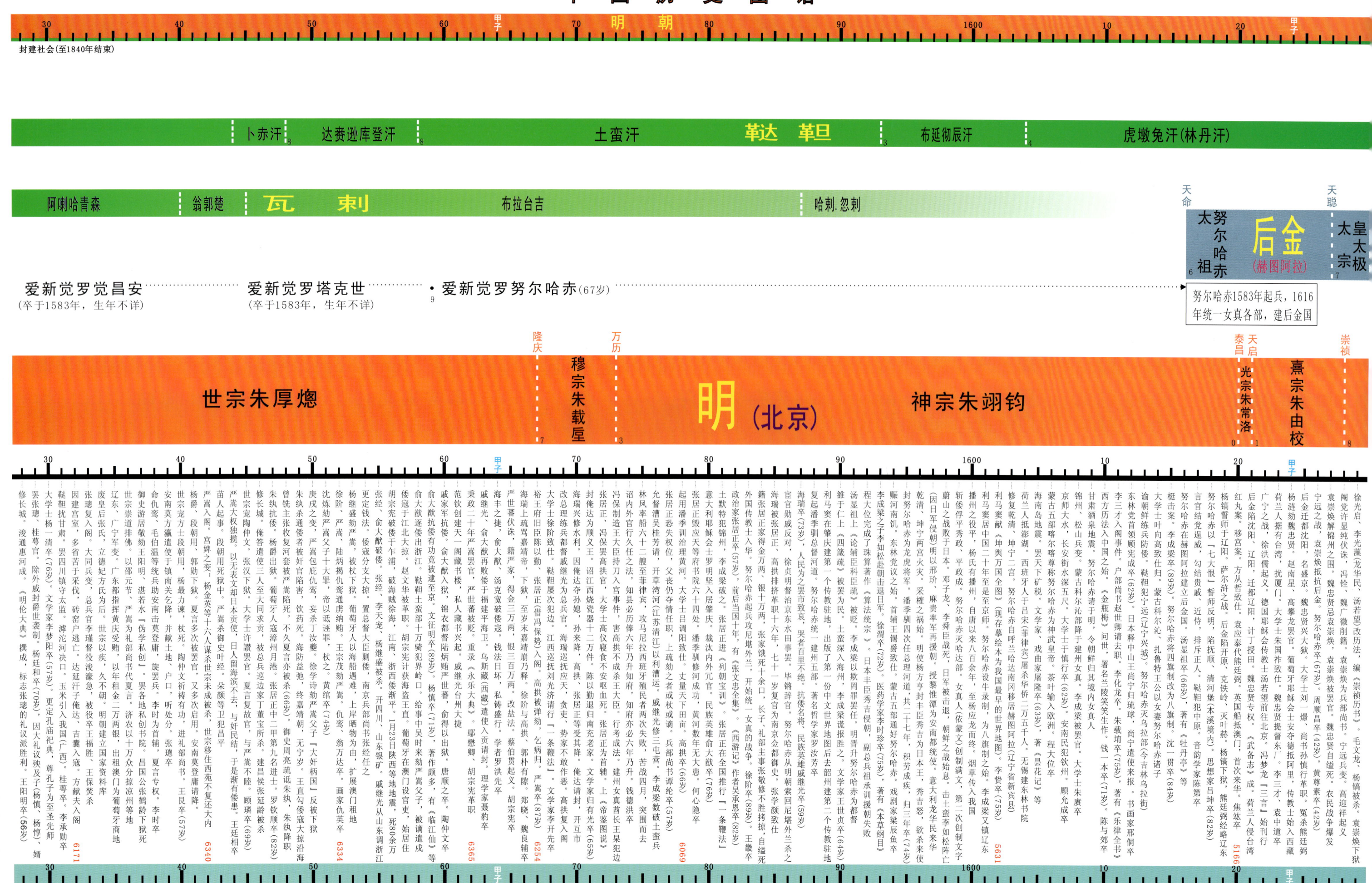

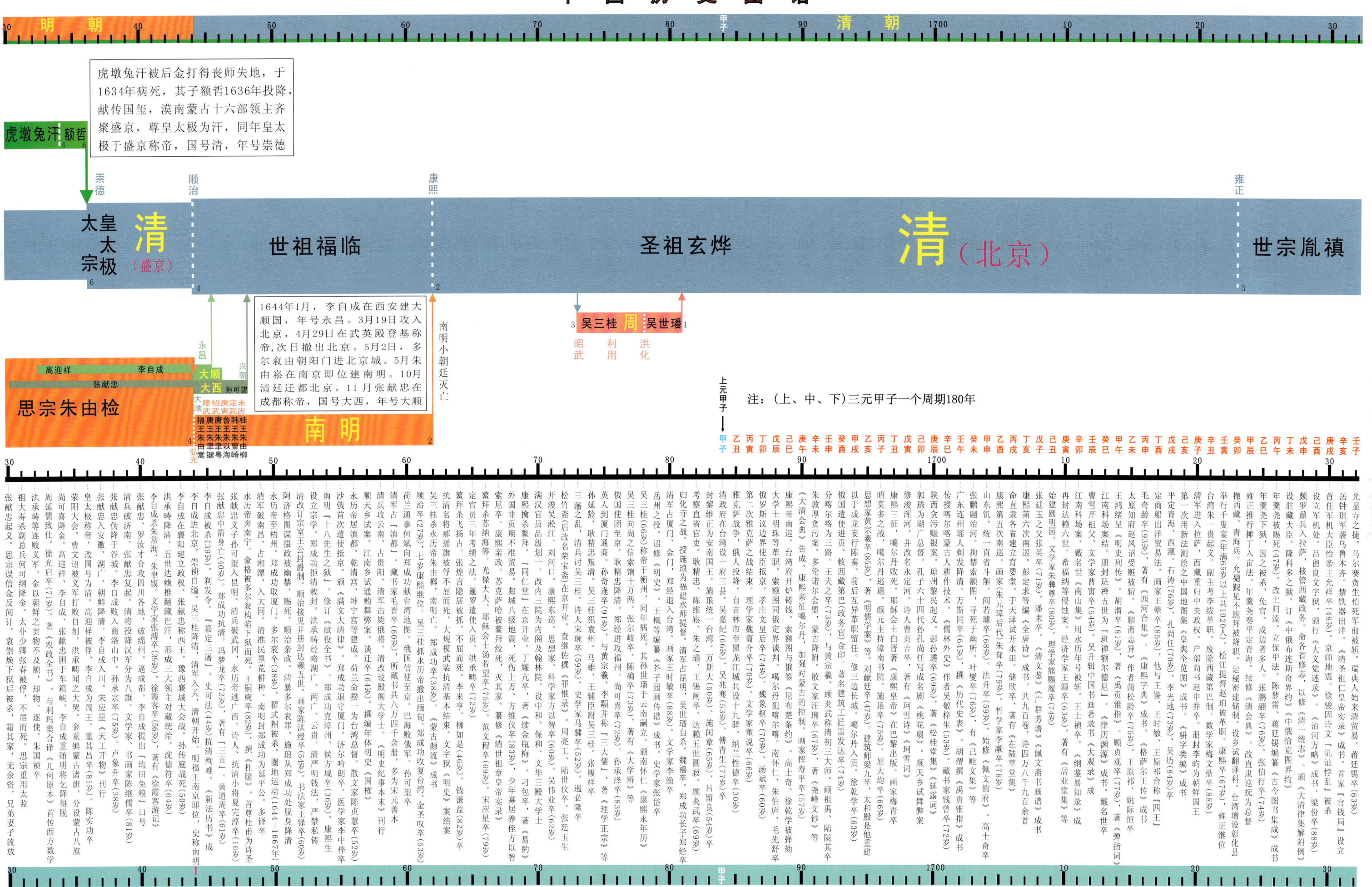

中国历史图谱

清朝

干支纪年计算法：

因公历纪年的第一个甲子年是公元4年而不是公元1年，正好相差3年，所以计算时用公历时间数减去3，除以10(天干数)所得余数为天干(余数为0天干是癸)，除以12(地支数)所得余数为地支(余数为0地支是亥)。

例如：2012年：(2012-3)÷10所得余数为9，即天干为壬；
(2012-3)÷12所得余数为5，即地支为辰，即2012年为"壬辰"年(龙年)

天干顺序：1甲、2乙、3丙、4丁、5戊、6己、7庚、8辛、9壬、10癸 （周期10年）
地支顺序：1子、2丑、3寅、4卯、5辰、6巳、7午、8未、9申、10酉、11戌、12亥 （周期12年）
干支纪年周期为60年，为10和12的最小公倍数，天干循环6次，地支循环5次

清（北京）

乾隆 — 嘉庆 — 道光

世宗胤禛 | 高宗弘历 | 仁宗颙琰 | 宣宗旻宁

白莲教起义

十二生肖的循环

子丑寅卯辰巳午未申酉戌亥 子丑寅卯辰巳午未申酉戌亥 子丑寅卯辰巳午未申酉戌亥 子丑寅卯辰巳午未申酉戌亥 子丑寅卯辰巳午未申酉戌亥

鼠牛虎兔龙蛇马羊猴鸡狗猪 （循环）

中元甲子 — 下元甲子

中国历史图谱

中华民国 / 中华人民共和国

社会主义社会开始

政府要员（上层）

| 段祺瑞（黄郛） | （杜锡珪）张作霖 | 谭延闿 | 蒋介石 | 林森 | 蒋介石 | 蒋介石 | 李宗仁 |

（胡惟德、颜惠庆）

政府要员（中层）

| 许世英 黄郛 | 杜锡珪 贾德耀 胡维德 顾维钧 颜惠庆 | 谭延闿 潘复 | 陈铭枢 蒋介石 宋子文 | 汪精卫 宋子文 孙科 | 孔祥熙 | 孔祥熙 蒋介石 | 王宠惠 | 宋子文 | 蒋介石 张群 | 翁文灏 张群 孙科 | 何应钦 阎锡山 |

段祺瑞

中华民国（南京）

中共一大代表有：毛泽东、何叔衡、董必武、陈潭秋、王尽美、邓恩铭、李汉俊、张国焘、刘仁静、包惠僧、陈公博、周佛海，共产国际代表马林、尼克尔斯基。选举陈独秀、张国焘、李达组成中央局，陈独秀（未参加会）任中央局书记

大同 / **康德**

伪满洲国（新京） / 傀儡皇帝溥仪

中华人民共和国（北京）

大事年表

冯玉祥北京政变，囚曹锟，改内阁，逐溥仪出宫（溥仪入日使馆）。孙中山建黄埔军校，蒋介石任校长，乔石生

广州国民政府成立，汪精卫主席，王尽美、李经羲卒，汉分裂。

国民党二大。蒋介石在广州国民政府成立，廖仲恺主席。江泽民生

四·一二、七·一五反革命政变。宁、汉分裂。张作霖出任安国军总司令。"三·一八"惨案。

国民党宁、汉、沪三方统一。决定国民政府迁都南京。奉、直联军入关。五卅运动。上海总工会成立，孙中山在北京逝世

国民革命军出师北伐。蒋介石南京国民政府成立。"五大"。国民党清党。江泽民生

南昌起义。"八七会议"。马日事变。秋收起义。广州起义。井冈山会师。朱镕基生

蒋介石、冯、阎中原大战。百色起义。

发表废除治外法权宣言。第一次围剿根据地。中东路事件。彭湃就义。东北军改编。红军开辟湘鄂赣根据地。

马占山指挥江桥抗战。汪精卫在广州成立国民政府，与南京政府对峙。东北沦陷。

"一·二八"事变。国联派李顿调查团赴东北。国民政府迁都洛阳。伪满洲国成立。

李济深、陈铭枢、蔡廷锴等于十九路军转让伪满洲国。日外务省《天羽声明》。日本人民革命军成立。东北人民革命军成立。

长征开始。遵义会议。瓦窑堡会议。第一次反围剿胜利。左翼作家联盟成立。邓恩铭、辉代英、蔡廷锴（34岁）、博古学位。

红军改编为八路军、平型关大捷。汪精卫叛国。国民政府迁都重庆。南京大屠杀（30余万人被日军杀戮）。蒋百里卒（56岁）。鲁迅卒（55岁）。

日军大扫荡，实行三光政策。李叔同圆寂（62岁）。徐世昌卒（84岁）。吴佩孚卒（66岁）。

《新民主主义论》发表。日军用细菌战。日军登陆海南岛。长崎原子弹。波茨坦公告。二战结束。

日本投降。国民政府还回南京、内战爆发。解放区土改。西柏坡会议。中共产党员第七次全国代表大会。"行宪国大"。

一届政协会议。中华人民共和国成立。定都北京。与朝鲜、蒙古及东欧等十余国建交

48851 / **47479** / **48830** / **46215** / **45467** / **46320** / **47500** / **60194** / **72307** / **103188** / **116002** / **129533** / **130628**

— 34 —

年 号 音 序 索 引

年号	对应朝代	使用者	公历时间
A			
安定	南宋(后理)	段智兴	至1200
安定	元	农民首领杨镇龙	1289
安国	唐(南诏)	郑买嗣	903
安和	唐(南诏)	郑仁旻	910
安乐	隋、唐 割据政权	李轨	618
B			
白龙	五代十国（南汉）	刘龑	925
白雀	十六国（后秦）	姚苌	384
白乌	隋	向海明	613
宝大	五代十国（吴越）	钱镠	924
宝鼎	西晋（吴）	末帝孙皓	266
宝历	唐	敬宗李湛	825
宝历	唐(渤海)	文王大钦茂	774
宝庆	南宋	理宗赵昀	1225
宝胜	唐	农民首领袁晁	762
宝义	（南宋）西夏	末主李睍	1226
宝应	唐	肃宗李亨	762
宝祐	南宋	理宗赵昀	1253
宝元	北宋	仁宗赵祯	1038
宝正	五代十国（吴越）	钱镠	926
保安	北宋（大理）	段思廉	1045
保大	五代十国（南唐）	李璟	943
保大	五代十国（楚）	马希萼	950
保大	北宋（辽）	天祚帝耶律延禧	1121
保德	北宋（大理）	段思廉	至1074
保定	南北朝（北周）	武帝宇文邕	561
保和	唐(南诏)	劝丰祐	824
保立	北宋（大理）	段正明	1082
保宁	北宋（辽）	景宗耶律贤	969
保天	南宋(后理)	段正严	1129
本初	东汉	质帝刘缵	146
本始	西汉	宣帝刘询	-73
C			
昌达	隋	朱粲	615
昌平	十六国（西燕）	慕容忠	386
昌泰	元	起义首领陈吊眼	1281
昌武	十六国（夏）	赫连勃勃	418
长安	周	则天皇帝武曌	701
长乐	十六国（后燕）	慕容盛	399
长庆	唐	穆宗李恒	821
长寿	周	则天皇帝武曌	692
长寿	唐(南诏)	阁逻凤	769
长兴	五代(后唐)	明宗李嗣源	930
长兴	五代十国（吴越）	钱元瓘	932
长兴	五代十国（楚）	马希声	930
长兴	五代十国（楚）	马希范	932
长兴	五代十国（闽）	王延钧	930
长兴	五代十国（荆南）	高从诲	930
禅都	北宋（西夏）	毅宗李谅祚	1057
成化	明	宪宗朱见深	1465
承安	南宋（金）	章宗完颜璟	1196
承光	十六国（夏）	赫连昌	425
承光	南北朝（北齐）	幼主高恒	577
承和	十六国（北凉）	沮渠牧犍	433

年号	对应朝代	使用者	公历时间
承康	十六国（后凉）	吕光	399
承明	南北朝（北魏）	孝文帝元宏	476
承平	南北朝	沮渠无讳	443
承平	南北朝（北魏）	南安王拓跋余	452
承平	南北朝（高昌）	麴嘉	502
承圣	南北朝（梁）	元帝萧绎	552
承玄	十六国（北凉）	沮渠蒙逊	428
承智	唐(南诏)	隆舜	878
赤符	元	农民首领朱光卿	1337
赤乌	三国（吴）	大帝孙权	238
重德	南宋	廖森	1229
重光	南北朝（高昌）	麴伯雅	620
重和	北宋	徽宗赵佶	1118
重熙	北宋（辽）	兴宗耶律宗真	1032
重兴	清	农民首领秦尚行	1644
崇德	明（清）	太宗皇太极	1636
崇福	南宋（西辽）	承天后耶律普速完	1164
崇宁	北宋	徽宗赵佶	1102
崇庆	南宋（金）	卫绍王完颜永济	1212
崇祯	明	思宗朱由检	1628
初历	唐(南诏)	郑仁旻	至926
初平	东汉	献帝刘协	190
初始	西汉	孺子刘婴	8
初元	西汉	元帝刘奭	-48
垂拱	唐	则天后武曌	685
淳化	北宋	太宗赵光义	990
淳熙	南宋	孝宗赵昚	1174
淳祐	南宋	理宗赵昀	1241
嵯耶	唐(南诏)	隆舜	889
D			
大安	北宋（辽）	道宗耶律洪基	1085
大安	北宋（西夏）	惠宗李秉常	1075
大安	南宋（金）	卫绍王完颜永济	1209
大宝	南北朝（梁）	简文帝萧纲	550
大宝	南宋(后理)	段正兴	1149
大宝	五代十国（南汉）	刘鋹	958
大宝	明	白莲教首领蔡伯贯	1565
大成	南北朝(北周)	宣帝宇文赟	579
大成兴胜	明	白莲教首领徐鸿儒	1622
大德	南宋（后理）	崇宗李乾顺	1135
大德	元	成宗铁穆耳	1297
大定	南北朝（后梁）	宣帝萧詧	555
大定	南北朝（北周）	静帝宇文衍	581
大定	南宋（金）	世宗完颜雍	1161
大定	元	红巾军部将陈友谅	1361
大丰	唐(南诏)	劝利晟	820
大观	北宋	徽宗赵佶	1107
大和	唐	文宗李昂	827
大亨	东晋	安帝司马德宗	402
大康	北宋（辽）	道宗耶律洪基	1075
大历	唐	代宗李豫	766
大明	南北朝（宋）	孝武帝刘骏	457
大明	五代（南诏）	杨干贞	931
大明国	清	起义首领洪全福	1902

年号	对应朝代	使用者	公历时间
大庆	北宋（西夏）	景宗李元昊	1036
大庆	北宋（西夏）	仁宗李仁孝	1140
大庆	清	农民首领王耀祖	1665
大庆	清	王大叔	1797
大圣天王	南宋	农民首领杨幺	1133
大世	隋	刘迦论	614
大顺	唐	昭宗李晔	890
大顺	明	农民首领张献忠	1644
大通	南北朝（梁）	武帝萧衍	527
大同	南北朝（梁）	武帝萧衍	535
大同	唐(南诏)	隆舜	至888
大同	五代（辽）	太宗耶律德光	947
大同	南宋	割据首领浦鲜万奴	1224
大同	伪满洲国	执政溥仪	1932
大统	南北朝（西魏）	文帝元宝炬	535
大象	南北朝（北周）	静帝宇文衍	579
大兴	东晋	元帝司马睿	318
大兴	唐(渤海)	文王大钦茂	738
大业	隋	炀帝杨广	605
大义	元	红巾军部将陈友谅	1360
大有	五代十国（南汉）	刘龑	928
大中	唐	宣宗李忱	847
大中祥符	北宋	真宗赵恒	1008
大足	周	则天皇帝武曌	701
道光	清	宣宗旻宁	1821
道隆	南宋(后理)	段祥兴	1239
得圣	北宋	农民首领王则	1047
德昌	南北朝（北齐）	安德王高延宗	576
德胜	明	王三	1465
德寿	元	红巾军陈友谅之子陈理	1363
德兴	北宋（北辽）	萧德妃普贤女	1122
德祐	南宋	恭帝赵㬎	1275
登国	南北朝（北魏）	道武帝拓跋珪	386
地皇	新朝	王莽	20
地节	西汉	宣帝刘询	-69
调露	唐	高宗李治	679
丁丑	隋	窦建德	617
定鼎	东晋	翟钊	391
定武	清	韩王朱本铉	1646
东武	明	淮王朱常清	1648
东阳	明	农民首领黄萧养	1449
端拱	北宋	太宗赵光义	988
端平	南宋	理宗赵昀	1234
F			
法轮	隋、唐	农民首领高昙晟	618
法尧	唐(南诏)	世隆	至877
凤凰	西晋（吴）	末帝孙皓	272
凤凰	东晋	农民首领李弘 李金银	370
凤凰	东晋(后理)	张大豫	386
凤历	五代(后梁)	郢王朱友珪	913
凤历	五代十国（吴越）	钱镠	913
凤翔	十六国（夏）	赫连勃勃	413
福圣承道	北宋（西夏）	毅宗李谅祚	1053
阜昌	南宋	刘豫	1131

年号	对应朝代	使用者	公历时间
G			
甘露	西汉	宣帝刘询	-53
甘露	三国（魏）	高贵乡公曹髦	256
甘露	三国（吴）	末帝孙皓	265
甘露	十六国（前秦）	苻坚	359
甘露	五代（东丹）	人皇王耶律倍	926
更始	新朝（绿林）	更始帝刘玄	23
更始	十六国（西燕）	慕容冲	385
更始	十六国（西秦）	乞伏乾归	409
更兴	南北朝	汝南王元悦	530
庚子	十六国（西凉）	李暠	400
拱化	北宋（西夏）	毅宗李谅祚	1063
光初	十六国（前赵）	刘曜	318
光大	南北朝（陈）	废帝陈伯宗	567
光定	南宋（西夏）	神宗李遵顼	1211
光和	东汉	灵帝刘宏	178
光化	唐	昭宗李晔	898
光启	唐	僖宗李儇	885
光始	十六国（后燕）	慕容熙	401
光寿	十六国（前燕）	慕容儁	357
光天	五代十国（南汉）	刘玢	942
光天	五代十国（前蜀）	王建	918
光熙	西晋	惠帝司马衷	306
光熹	东汉	少帝刘辩	189
光兴	十六国（前赵）	刘聪	310
光绪	清	德宗载湉	1875
光宅	唐	则天后武曌	684
广安	南北朝	起义首领葛荣	526
广运	北宋（大理）	段连义	1077
广德	唐	代宗李豫	763
广德	北宋（大理）	段思廉	至967
广德	清	农民首领杨起隆	1673
广明	唐	僖宗李儇	880
广明	北宋（大理）	段素英	986
广顺	五代（后周）	太祖郭威	951
广顺	五代十国（吴越）	钱弘俶	951
广顺	五代十国（荆南）	高保融	951
广运	南北朝（后梁）	莒公萧琮	586
广运	五代十国（北汉）	段正严	至1147
广运	北宋（西夏）	景宗李元昊	1034
广政	五代十国（后蜀）	孟昶	938
H			
汉安	东汉	顺帝刘保	142
汉昌	十六国（前赵）	刘粲	318
汉德	清	起义首领龚春台	1906
汉复	新朝	隗嚣	23
汉兴	十六国（成汉）	李寿	338
和平	东汉	桓帝刘志	150
和平	十六国（前凉）	张祚	354
和平	南北朝（北魏）	文成帝拓跋濬	460
和平	南北朝（高昌）	麴口	551
河平	西汉	成帝刘骜	-28
河清	南北朝（北齐）	武成帝高湛	562
河瑞	十六国（前赵）	刘渊	309

年号	对应朝代	使用者	公历时间
黑龙	东晋	张育	374
弘昌	十六国（南凉）	秃发傉檀	402
弘道	唐	高宗李治	683
弘光	清（南明）	福王朱由崧	1645
弘始	十六国（后秦）	姚兴	399
弘治	明	孝宗朱祐樘	1488
洪德	清	天地会首领陈开	1855
洪化	清	割据政权吴世璠	1678
洪顺	清	起义首领李明先	1853
洪武	明	太祖朱元璋	1368
洪武	明	起义首领李新	1619
洪熙	明	仁宗朱高炽	1425
洪宪	中华民国	袁世凯	1916
鸿嘉	西汉	成帝刘骜	-20
后元	西汉	武帝刘彻	-88
化顺	北宋	王均	1000
皇初	十六国（后秦）	姚兴	394
皇建	南北朝（北齐）	孝昭帝高演	560
皇建	南宋（西夏）	襄宗李安全	1210
皇庆	元	仁宗爱育黎拔力八达	1312
皇始	十六国（前秦）	苻健	351
皇始	南北朝（北魏）	道武帝拓跋珪	396
皇泰	隋	越王杨侗	618
皇统	北宋（金）	熙宗完颜亶	1141
皇兴	南北朝（北魏）	献文帝拓跋弘	467
皇祐	北宋	仁宗赵祯	1049
黄初	三国（魏）	文帝曹丕	220
黄龙	西汉	宣帝刘询	-49
黄龙	三国（吴）	大帝孙权	229
黄龙	唐	割据政权段子璋	761
黄武	三国（吴）	大帝孙权	222
会昌	唐	武宗李炎	841
会同	五代（辽）	太宗耶律德光	938
J			
嘉定	南宋	宁宗赵扩	1208
嘉禾	三国（吴）	大帝孙权	232
嘉会	南宋(后理)	段智兴	1181
嘉靖	明	世宗朱厚熜	1522
嘉宁	十六国（成汉）	李势	346
嘉平	三国（魏）	齐王曹芳	249
嘉平	十六国（前赵）	刘聪	311
嘉平	十六国（南凉）	秃发傉檀	408
嘉庆	清	仁宗颙琰	1796
嘉泰	南宋	宁宗赵扩	1201
嘉熙	南宋	理宗赵昀	1237
嘉兴	十六国（西凉）	李歆	417
嘉祐	北宋	仁宗赵祯	1056
见龙	唐(南诏)	异牟寻	780
建安	东汉	献帝刘协	196
建安	北宋(大理)	段正明	1082
建昌	东晋	张琚	352
建昌	南北朝（柔然）	豆罗伏跋豆伐可汗醜奴	508
建昌	南北朝（高昌）	麴宝茂	555
建初	东汉	章帝刘炟	76
建初	十六国（成汉）	李特	303

- 35 -

年号	对应朝代	使用者	公历时间	年号	对应朝代	使用者	公历时间	年号	对应朝代	使用者	公历时间	年号	对应朝代	使用者	公历时间	年号	对应朝代	使用者	公历时间
建初	十六国（后秦）	姚苌	386	建兴	十六国（前凉）	张重华	346	开耀	唐	高宗李治	681	N				全义	唐(南诏)	劝利晟	816
建初	十六国（西凉）	李暠	405	建兴	十六国（前凉）	张玄靓	355	开元	唐	玄宗李隆基	713	宁康	东晋	孝武帝司马曜	373	R			
建初	南北朝（高昌）	阚首归	489	建兴	十六国（后燕）	慕容垂	386	开运	五代(后晋)	出帝石重贵	944	P				人庆	南宋（西夏）	仁宗李仁孝	1144
建德	南北朝（北周）	武帝宇文邕	572	建兴	唐（渤海）	宣王大仁秀	819	开运	五代十国（吴越）	钱弘佐	944	平都	南北朝	割据政权王迢触、曹贰龙	536	仁安	唐（渤海）	武王大武艺	720
建德	南宋（后理）	段正兴	至1171	建炎	南宋	高宗赵构	1127	开运	五代十国（楚）	马希范	944	平赵	东晋	起义首领句渠知	320	仁寿	隋	文帝杨坚	601
建福	北宋（北辽）	宣宗耶律淳	1122	建义	十六国（西秦）	乞伏国仁	385	开运	五代十国（荆南）	高从诲	944	普泰	南北朝（北魏）	节闵帝元恭	531	仁寿	南宋（后理）	段智祥	至1238
建光	东汉	安帝刘祜	121	建义	南北朝	杨难当	436	开运	北宋（西夏）	景宗李元昊	1034	普通	南北朝（梁）	武帝萧衍	520	日新	北宋（后理）	段正严	1109
建光	东晋	翟辽	388	建义	南北朝	农民首领雍道晞	500	康德	中华民国	伪满洲国皇帝溥仪	1934	Q				如意	周	则天皇帝武曌	692
建国	东晋（代）	拓跋什翼犍	338	建义	南北朝（北魏）	孝庄帝元子攸	528	康定	北宋	仁宗赵祯	1040	祺祥	清	穆宗载淳	1861	瑞应	明	起义首领奢崇明	1621
建和	东汉	桓帝刘志	147	建元	西汉	武帝刘彻	-140	康国	南宋（西辽）	德宗耶律大石	1134	启历	北宋	大历依智高	1052	S			
建和	十六国（南凉）	秃发利鹿孤	400	建元	东晋	康帝司马岳	343	康熙	清	圣祖玄烨	1662	乾道	南宋	孝宗赵眘	1165	上德	北宋（大理）	段连义	1076
建衡	三国（吴）	末帝孙皓	269	建元	十六国（前赵）	刘聪	315	L				乾道	北宋（西夏）	惠宗李秉常	1067	上明	北宋（大理）	段寿辉	1081
建弘	十六国（西秦）	乞伏炽磐	420	建元	十六国（前秦）	苻坚	365	利贞	南宋（后理）	段智兴	1172	乾德	北宋（十国-南唐）	李煜	963	上元	唐	高宗李治	674
建极	唐（南诏）	世隆	860	建元	南北朝（齐）	高帝萧道成	479	麟德	唐	高宗李治	664	乾德	北宋（十国-吴越）	钱弘俶	963	上元	唐	肃宗李亨	760
建康	东汉	顺帝刘保	144	建昭	西汉	元帝刘奭	-38	麟嘉	十六国（前赵）	刘聪	316	乾德	北宋（十国-前蜀）	王衍	919	上元	唐（南诏）	异牟寻	784
建康	东晋	南阳王司马保	319	建贞	唐	襄王李煴	886	麟嘉	十六国（后凉）	吕光	389	乾德	北宋	太祖赵匡胤	963	上愿	南北朝	农民首领于琛	535
建隆	北宋（十国-南唐）	李璟	960	建中	唐	德宗李适	780	龙德	五代（后梁）	末帝朱友贞	921	乾定	北宋（西夏）	献宗李德旺	1223	上治	北宋（大理）	高升泰	1095
建隆	北宋（十国-南唐）	李煜	961	建中靖国	北宋	徽宗赵佶	1101	龙德	五代十国（吴越）	钱镠	921	乾封	唐	高宗李治	666	绍定	南宋	理宗赵昀	1228
建隆	北宋（十国-吴越）	钱弘俶	960	江汉	清	农民首领杨龙喜	1854	龙德	五代十国（闽）	王审知	921	乾符	唐	僖宗李儇	874	绍汉	三国时期	公孙渊	237
建隆	北宋（十国-荆南）	高保勖	960	交泰	五代十国（南唐）	李璟	958	飞龙	十六国（后汉）	刘旻	396	乾和	北宋（十国-南汉）	刘晟	943	绍泰	北宋	哲宗赵煦	1094
建隆	北宋（十国-荆南）	高继冲	962	金统	唐	农民首领黄巢	880	龙凤	元	红巾军首领韩林儿	1355	乾亨	北宋（十国-南汉）	刘龑	917	绍泰	南北朝（梁）	敬帝萧方智	555
建隆	北宋	太祖赵匡胤	960	进通	唐	割据政权王摩沙	623	龙凤	明	农民首领田九成、王金刚奴	1397	乾亨	北宋（辽）	景宗耶律贤	979	绍武	清（南明）	唐王朱聿粤	1646
建明	十六国（西燕）	慕容顗	386	景初	三国（魏）	明帝曹叡	237	龙纪	唐	昭宗李晔	889	乾化	五代（后梁）	太祖朱温	911	绍熙	南宋	光宗赵惇	1190
建明	南北朝（北魏）	长广王元晔	530	景德	北宋	真宗赵恒	1004	龙启	五代十国（闽）	王延钧	933	乾化	五代（后梁）	末帝朱友贞	913	绍兴	南宋	高宗赵构	1131
建明	南北朝	起义首领吕苟儿、王法智	506	景定	南宋	理宗赵昀	1260	龙升	十六国（夏）	赫连勃勃	407	乾化	五代十国（吴越）	钱镠	913	绍兴	南宋（西辽）	仁宗耶律夷列	1151
建宁	东汉	灵帝刘宏	168	景福	唐	昭宗李晔	892	龙朔	唐	高宗李治	661	乾化	五代十国（闽）	王审知	911	身圣	南宋	德寿、陇锁	1196
建平	西汉	哀帝刘欣	-6	景福	北宋（辽）	兴宗耶律宗真	1031	龙兴	东汉	公孙述	25	乾隆	清	高宗弘历	1736	神䴥	南北朝（北魏）	太武帝拓跋焘	428
建平	十六国（后赵）	石勒	330	景和	南北朝（宋）	前废帝刘子业	465	龙兴	东晋	农民首领侯子光	337	乾明	南北朝（北齐）	废帝高殷	560	神册	五代	辽太祖耶律阿保机	916
建平	十六国（后燕）	慕容盛	398	景龙	唐	中宗李显	707	龙兴	唐（南诏）	劝龙晟	810	乾宁	唐	昭宗李晔	894	神鼎	十六国（后凉）	吕隆	401
建平	十六国（西燕）	慕容瑶	386	景明	南北朝（北魏）	宣武帝元恪	500	龙兴	南宋（后理）	段智兴	1155	乾统	北宋（辽）	天祚帝耶律延禧	1101	神凤	三国（吴）	大帝孙权	252
建平	十六国（南燕）	慕容超	400	景平	南北朝（宋）	少帝刘义符	423	隆安	东晋	安帝司马德宗	397	乾兴	北宋	真宗赵恒	1022	神凤	西晋	农民首领张尼、张昌	303
建平	十六国（北凉）	沮渠牧犍	437	景瑞	北宋	大历依智高	1049	隆昌	南北朝（齐）	郁林王萧昭业	494	乾祐	五代（后汉）	高祖刘知远	948	神功	周	则天皇帝武曌	697
建平	南北朝	鲁爽	454	景泰	明	代宗朱祁钰	1450	隆和	东晋	哀帝司马丕	362	乾祐	五代（后汉）	隐帝刘承祐	948	神龟	南北朝（北魏）	孝明帝元诩	518
建平	南北朝 起义首领白亚栗斯	刘虎	415	景炎	南宋	端宗赵昰	1276	隆化	南北朝（北齐）	后主高纬	576	乾祐	五代十国（吴越）	钱弘俶	948	神嘉	南北朝	起义首领刘蠡升	525
建平	南北朝	京兆王元愉	508	景耀	三国（蜀）	后主刘禅	258	隆基	北宋	割据政权高永昌	1116	乾祐	五代十国（楚）	马希广	948	神爵	西汉	宣帝刘询	-61
建始	西汉	成帝刘骜	-32	景祐	北宋	仁宗赵祯	1034	隆庆	明	穆宗朱载垕	1567	乾祐	五代十国（荆南）	高从诲	948	神历	北宋（北辽）	梁王耶律雅里	1123
建始	西晋	赵王司马伦	301	景元	三国（魏）	元帝曹奂	260	隆武	清（南明）	唐王朱聿键	1645	乾祐	五代十国（荆南）	高保融	948	神龙	周	则天皇帝武曌	705
建始	十六国（后燕）	慕容熙	407	景云	唐	睿宗李旦	710	隆兴	南宋	孝宗赵眘	1163	乾祐	五代十国（北汉）	刘旻	951	神瑞	南北朝（北魏）	明元帝拓跋嗣	414
建始	十六国(后燕自立为帝者)	慕容详	397	竟宁	西汉	元帝刘奭	-33	隆绪	南北朝	割据政权萧宝夤	527	乾祐	五代十国（北汉）	刘钧	954	神兽	南北朝	起义首领万俟丑奴	528
建世	东汉	刘盆子	25	靖康	北宋	钦宗赵桓	1126	鲁兴	南北朝	起义首领鲜于修礼	526	乾祐	南宋（西夏）	仁宗李仁孝	1170	神武	五代（大理）	段思平	至944
建文	明	惠帝朱允炆	1399	久视	周	则天皇帝武曌	700	罗平	唐	农民首领袁晁	860	乾元	唐	肃宗李亨	758	神玺	十六国（北凉）		397
建武	东汉	光武帝刘秀	25	居摄	西汉	孺子刘婴	6	罗平	南宋	割据政权王法恩	1141	乾贞	五代十国（吴）	杨溥	927	顺明	宋	顺宗刘准	477
建武	西晋	惠帝司马衷	304	K				罗平	南宋	农民首领李接	1179	乾贞	五代十国（荆南）	高季兴	928	升平	东晋	穆帝司马聃	357
建武	东晋	元帝司马睿	317	开宝	北宋（十国-南唐）	李煜	968	M				乾贞	五代十国（荆南）	高从诲	929	升平	十六国（前凉）	张玄靓	363
建武	十六国（后赵）	石虎	335	开宝	北宋（十国-吴越）	钱弘俶	968	明昌	南宋（金）	章宗完颜璟	1190	乾贞	南宋	广西割据政权阿谢	1176	升平	十六国（前凉）	张天锡	363
建武	十六国（西燕）	慕容忠	386	开宝	北宋	太祖赵匡胤	968	明道	北宋	仁宗赵祯	1032	秦兴	隋	薛举	617	升元	五代十国（南唐）	李昇	937
建武	南北朝（齐）	明帝萧鸾	494	开成	唐	文宗李昂	836	明德	五代（大理）	段思聪	952	青龙	三国（魏）	明帝曹叡	233	胜光	十六国（夏）	赫连定	428
建武	南北朝	北海王元颢	529	开皇	隋	文帝杨坚	581	明德	北宋（大理）	段素英	986	青龙	十六国（后赵）	石鉴	350	圣君	南北朝	起义首领司马小君	471
建武中元	东汉	光武帝刘秀	56	开明	唐	割据政权王世充	619	明德	五代十国（后蜀）	孟知祥	934	青龙	东晋	兰汉	398	圣历	周	则天皇帝武曌	698
建熙	十六国（前燕）	慕容暐	360	开明	北宋(后理)	段正淳	1097	明启	北宋（大理）	段素廉	1010	清光	清	起义首领明守龙	1645	圣明	南北朝	起义首领陈瞻	506
建兴	三国（蜀）	后主刘禅	223	开平	五代（后梁）	太祖朱温	907	明受	南宋	元懿太子赵旉	1129	清宁	北宋（辽）	道宗耶律洪基	1055	圣明	北宋（大理）	段素兴	1042
建兴	三国（吴）	会稽王孙亮	252	开平	五代十国（闽）	王审知	909	明德	五代十国（后蜀）	段隆		清泰	五代（后唐）	末帝李从珂	934	圣武	唐	安禄山	756
建兴	西晋	愍帝司马邺	313	开庆	南宋	理宗赵昀	1259	明运	南宋（后理）	段智祥	至1009	清泰	五代十国（吴越）	钱元瓘	934	盛德	南宋（后理）	段正兴	1148
建兴	十六国（成汉）	李雄	304	开泰	北宋（辽）	圣宗耶律隆绪	1012	明政	唐	农民首领李子通	619	清泰	五代十国（楚）	马希范	934	盛明	南北朝	段正兴	
建兴	十六国（前凉）	张寔	317	开熙	元	红巾军明玉珍之子明昇	1367	明政	北宋（大理）	段素顺	969	清泰	五代十国（荆南）	高从诲	934	石平	南北朝	刘没铎	577
建兴	十六国（前凉）	张茂	320	开禧	南宋	宁宗赵扩	1205	明治	北宋（大理）	段素英	1009	庆历	北宋	仁宗赵祯	1041	始光	南北朝（北魏）	太武帝拓跋焘	424
建兴	十六国（前凉）	张骏	324	开兴	南宋(金)	哀宗完颜守绪	1232	鸣凤	隋	萧铣	617	庆元	南宋	宁宗赵扩	1195	始建国	新	王莽	9

年号	对应朝代	使用者	公历时间
始平	南北朝（柔然）	佗汗可汗伏图	506
始兴	隋	农民起义首领操师乞	616
始兴	隋、唐	农民首领高开道	618
始元	西汉	昭帝刘弗陵	-86
始元	唐（南诏）	郑仁旻	910
收国	北宋（金）	太祖完颜旻	1115
寿昌	北宋（辽）	道宗耶律洪基	1095
寿光	十六国（前秦）	苻生	355
顺德	北宋（大理）	段思聪	968
顺德	明	明皇室后裔朱宸壕	1519
顺天	唐	史思明	759
顺天	唐	割据政权董昌	895
顺天	南宋	起义首领郝定	1216
顺天	清	农民首领林爽文	1787
顺天	清	农民首领李永和、蓝朝鼎	1860
顺义	五代十国（吴）	杨溥	921
顺治	清	世祖福临	1644
嗣圣	唐	中宗李显	684
嗣圣	唐	农民首领赵广、程道养	432
嗣统	清	起义首领朱明月、刘仪顺	1864
绥和	西汉	成帝刘骜	-8

T

年号	对应朝代	使用者	公历时间
太安	西晋	惠帝司马衷	302
太安	十六国（前秦）	苻丕	385
太安	十六国（后凉）	吕光	386
太安	南北朝（北魏）	文成帝拓跋濬	455
太安	南北朝（柔然）	候其伏代库者可汗那盖	492
太昌	南北朝（北魏）	孝武帝元修	532
太初	西汉	武帝刘彻	-104
太初	十六国（前秦）	苻登	386
太初	十六国（西秦）	乞伏乾归	388
太初	十六国（南凉）	秃发乌孤	397
太初	南北朝	文帝太子刘劭	453
太初元将	西汉	哀帝刘欣	-5
太和	三国（魏）	明帝曹叡	227
太和	东晋	废帝司马奕	366
太和	十六国（成汉）	李势	344
太和	十六国（后赵）	石勒	328
太和	南北朝（北魏）	孝文帝元宏	477
太极	唐	睿宗李旦	712
太建	南北朝（陈）	宣帝陈顼	569
太康	西晋	武帝司马炎	280
太宁	东晋	明帝司马绍	323
太宁	十六国（后赵）	石虎	349
太宁	南北朝（北齐）	武成帝高湛	561
太平	三国（吴）	会稽王孙亮	256
太平	西晋	割据首领赵廞	300
太平	东晋	王始	403
太平	十六国（北燕）	冯跋	409
太平	南北朝（梁）	敬帝萧方智	556
太平	南北朝（柔然）	伏名敦可汗豆仑	485
太平	隋	林士弘	616
太平	北宋（辽）	圣宗耶律隆绪	1021
太平	元	红巾军首领徐寿辉	1356
太平天国	清	太平天国领袖洪秀全	1851
太平兴国	五代十国（吴越）	钱弘俶	976
太平兴国	北宋	太宗赵光义	976
太平真君	南北朝（北魏）	太武帝拓跋焘	440

年号	对应朝代	使用者	公历时间
太清	南北朝（梁）	武帝萧衍	547
太上	十六国（南燕）	慕容超	405
太始	西汉	武帝刘彻	-96
太始	南北朝	侯景	551
太始	唐（渤海）	简王大明忠	818
太熙	西晋	武帝司马炎	290
太兴	十六国（北燕）	冯宏	431
太延	南北朝（北魏）	太武帝拓跋焘	435
太元	三国（吴）	大帝孙权	251
太元	东晋	孝武帝司马曜	376
泰昌	明	光宗朱常洛	1620
泰常	南北朝（北魏）	明元帝拓跋嗣	416
泰定	元	泰定帝也孙铁木儿	1324
泰定	明	起义首领叶宗留	1448
泰和	南宋（金）	章宗完颜璟	1201
泰始	西晋	武帝司马炎	265
泰始	南北朝（宋）	明帝刘彧	465
泰豫	南北朝	明帝刘彧	472
唐隆	唐	殇帝李重茂	710
天安	南北朝（北魏）	献文帝拓跋弘	466
天安礼定	北宋（西夏）	惠宗李秉常	1086
天宝	唐	玄宗李隆基	742
天宝	五代十国（吴越）	钱鏐	908
天保	南北朝（后梁）	明帝萧岿	562
天保	南北朝（北齐）	文宣帝高洋	550
天册	三国（吴）	末帝孙皓	275
天册万岁	周	则天皇帝武曌	695
天成	南北朝（梁）	贞阳侯萧渊明	555
天成	唐	安庆绪	757
天成	五代（后唐）	明宗李嗣源	926
天成	五代十国（楚）	马殷	927
天成	五代十国（闽）	王延翰	926
天成	五代十国（闽）	王延钧	926
天成	五代十国（荆南）	高季兴	926
天成	五代十国（荆南）	高从诲	929
天赐	南北朝（北魏）	道武帝拓跋珪	404
天赐	南宋	刘永昌	1214
天赐国庆	北宋（西夏）	惠宗李秉常	1069
天聪	明（清）	太宗皇太极	1627
天德	五代十国（闽）	王延政	943
天德	南宋（金）	海陵王完颜亮	1149
天德	南宋	割据首领金山	1216
天德	清	农民首领张念一、朱永祚	1708
天德	清	农民首领林万青	1851
天德	清	小刀会首领黄威	1853
天定	南宋（后理）	段兴智	1252
天定	元	红巾军首领徐寿辉	1359
天定	明	起义首领彭玉琳	1386
天定	清	割据政权刘守分	1644
天凤	新	王莽	14
天福	五代（后晋）	高祖石敬瑭	936
天福	五代（后汉）	高祖刘知远	947
天福	五代十国（吴越）	钱元瓘	936
天福	五代十国（吴越）	钱弘佐	941
天福	五代十国（吴越）	钱弘倧	947
天福	五代十国（楚）	马希范	936

年号	对应朝代	使用者	公历时间
天福	五代十国（楚）	马希广	947
天福	五代十国（荆南）	高从诲	936
天福	五代十国（荆南）	高从诲	947
天辅	南宋（后理）	段智祥	1226
天辅	北宋（金）	太祖完颜旻	1117
天复	唐	昭宗李晔	901
天复	五代十国（前蜀）	王建	907
天复	北宋	割据政权回离保	1123
天复	五代十国（吴）	杨行密	902
天汉	西汉	武帝刘彻	-100
天汉	五代十国（前蜀）	王建	917
天和	南北朝（北周）	武帝宇文邕	566
天皇	唐	割据政权朱泚	784
天会	五代十国（北汉）	刘钧	957
天会	北宋（金）	太宗完颜晟	1123
天纪	西晋（吴）	末帝孙皓	277
天嘉	南北朝（陈）	文帝陈蒨	560
天监	南北朝（梁）	武帝萧衍	502
天建	南北朝	起义首领莫折念生	524
天眷	南宋（金）	熙宗完颜亶	1138
天开	南宋（后理）	段智祥	1205
天康	东晋	桓谦	404
天康	南北朝（陈）	文帝陈蒨	566
天历	元	文宗图帖睦尔	1328
天禄	五代（辽）	世宗耶律阮	947
天明	唐	农民首领辅公祏	623
天明	北宋（大理）	段素兴	至1044
天命	明（后金）	太祖努尔哈赤	1616
天平	南北朝（东魏）	孝静帝元善见	534
天启	南北朝	永嘉王萧庄	558
天启	南北朝	割据政权元法僧	525
天启	唐（南诏）	劝丰祐	840
天启	元	红巾军首领徐寿辉	1358
天启	明	熹宗朱由校	1621
天庆	北宋（辽）	天祚帝耶律延禧	1111
天庆	北宋（辽）	兴辽王大延琳	1029
天庆	北宋（西夏）	桓宗李纯祐	1194
天瑞景星	五代（南诏）	郑仁旻	910
天圣	北宋	仁宗李治	1023
天盛	北宋（西夏）	仁宗李仁孝	1149
天寿	隋、唐	割据政权宇文化及	618
天寿	北宋（于阗）	于阗王李圣天	963
天授	南北朝	起义首领刘获、郑辩	527
天授	周	则天皇帝武曌	690
天授	北宋（后理）	段正淳	1096
天授	北宋（西夏）	景宗李元昊	1038
天顺	南宋	起义首领杨安儿	1214
天顺	元	天顺帝阿速吉八	1328
天顺	明	英宗朱祁镇	1457
天顺	清	割据政权刘守分	1456
天顺	清	萧惟堂	1661
天嗣	北宋	割据政权萧干	1123
天泰	南宋	割据首领浦鲜万奴	1215
天统	南北朝	起义首领邢杲	528
天统	南北朝（北齐）	后主高纬	565
天统	元	红巾军将领明玉珍	1363
天威	南宋	割据首领耶斯不	1216

年号	对应朝代	使用者	公历时间
天玺	三国（吴）	末帝孙皓	276
天玺	十六国（北凉）	段业	399
天禧	北宋	真宗赵恒	1017
天禧	南宋（西辽）	末主耶律直鲁古	1178
天显	北宋（辽）	太祖耶律阿保机	926
天兴	南北朝（北魏）	道武帝拓跋珪	398
天兴	北宋	于阗王尉迟僧伽罗摩	986
天兴	南宋（金）	哀宗完颜守绪	1232
天兴	南宋（金）蒙古自治政权	熬罗孛极列	1147
天绣	明	起义首领王斌	1457
天仪治平	北宋（西夏）	崇宗李乾顺	1086
天应	唐（南诏）	郑隆亶	927
天祐	唐	昭宗李晔	904
天祐	北宋（大理）	段正明	至1094
天祐	五代十国（吴）	杨行密	904
天祐	五代十国（吴越）	钱鏐	907
天祐	元	起义首领张士诚	1354
天祐垂圣	北宋（西夏）	毅宗李谅祚	1050
天祐民安	北宋（西夏）	崇宗李乾顺	1090
天渊	明	农民首领田斌	1546
天元	明（北元）	后主脱古斯帖木儿	1379
天运	明	张普薇	1637
天运	清	农民首领林爽文	1786
天运	清	天地会首领陈周全	1795
天运	清	农民首领张丙	1832
天运	清	小刀会首领刘丽川	1853
天载	南宋	农民首领钟相	1130
天赞	五代（辽）	太祖耶律阿保机	922
天造	唐	农民首领刘黑闼	622
天正	南北朝（梁）	豫章王萧栋	551
天正	南北朝	武陵王萧纪	552
天正	清	东明起义军	1648
天政	北宋（后理）	段正淳	1103
天纵	清	农民首领宋继鹏	1860
天尊	北宋	于阗王尉迟苏拉	967
天祚	五代十国（吴）	杨溥	935
添元	明	瓦剌王也先	1453
调露	唐	高宗李治	679
通文	五代十国（闽）	王昶	936
通正	五代十国（前蜀）	王建	916
通志	中华民国	察都	1915
同光	五代（后唐）	庄宗李存勖	923
同光	五代十国（闽）	王审知	923
同光	五代十国（荆南）	高季兴	924
同庆	北宋	于阗王李圣天	912
同治	清	穆宗载淳	1862
统和	北宋（辽）	圣宗耶律隆绪	983

W

年号	对应朝代	使用者	公历时间
万乘	元	农民首领杜可用	1280
万历	明	神宗朱翊钧	1573
万利	清	黎树	1797
万岁登封	周	则天皇帝武曌	695
万岁通天	周	则天皇帝武曌	696
王霸	唐	农民首领黄巢	878
文安	北宋（后理）	段正淳	1105

年号	对应朝代	使用者	公历时间
文德	唐	僖宗李儇	888
文德	五代（大理）	段思平	938
文经	五代（大理）	段思英	945
文明	唐	睿宗李旦	684
文兴	清	起义首领魏枝叶	1704
文治	北宋（后理）	段正严	1110
五凤	西汉	宣帝刘询	-57
五凤	三国（吴）	会稽王孙亮	254
五凤	隋、唐	窦建德	618
武成	南北朝（北周）	明帝宇文毓	559
武成	唐	割据政权李希烈	784
武成	五代十国（前蜀）	王建	908
武德	唐高祖	李渊	618
武定	南北朝（东魏）	孝静帝元善见	543
武烈	明	起义首领李添保	1460
武平	南北朝（北齐）	后主高纬	570
武平	南北朝	范阳王高绍义	578
武泰	南北朝（北魏）	孝明帝元诩	528
武泰	五代十国（吴）	杨隆演	919

X

年号	对应朝代	使用者	公历时间
熙宁	北宋	神宗赵顼	1068
熙平	南北朝（北魏）	孝明帝元诩	516
嘉平	东汉	灵帝刘宏	172
先天	唐	玄宗李隆基	712
咸安	东晋	简文帝司马昱	371
咸淳	南宋	度宗赵禥	1265
咸丰	清	文宗奕詝	1851
咸和	东晋	成帝司马衍	326
咸和	唐（渤海）	大彝震	831
咸亨	唐	高宗李治	670
咸康	东晋	成帝司马衍	335
咸康	五代十国（前蜀）	王衍	925
咸宁	西晋	武帝司马炎	275
咸宁	十六国（后凉）	吕纂	399
咸平	北宋	真宗赵恒	998
咸清	南宋（西辽）	感天后塔不烟	1144
咸通	唐	懿宗李漼	860
咸熙	三国（魏）	元帝曹奂	264
咸雍	北宋（辽）	道宗耶律洪基	1065
咸雍	北宋（西夏）	景宗李元昊	1032
显道	五代（后周）	太祖郭威	954
显德	五代（后周）	世宗柴荣	954
显德	五代（后周）	恭帝柴宗训	959
显德	五代十国（南唐）	李璟	958
显德	五代十国（吴越）	钱弘俶	954
显德	五代十国（荆南）	高保融	954
显庆	唐	高宗李治	656
显圣	唐	史朝义	761
祥兴	南宋	卫王赵昺	1278
孝基	南北朝	北海王元颢	529
孝建	南北朝（宋）	孝武帝刘骏	454
兴安	南北朝（北魏）	文成帝拓跋濬	452
兴定	南宋（金）	宣宗完颜珣	1217
兴光	南北朝（北魏）	文成帝拓跋濬	454
兴和	南北朝（东魏）	孝静帝元善见	539
兴隆	南宋	割据首领张致	1216

年号	对应朝代	使用者	公历时间	年号	对应朝代	使用者	公历时间	年号	对应朝代	使用者	公历时间	年号	对应朝代	使用者	公历时间	年号	对应朝代	使用者	公历时间
兴宁	东晋	哀帝司马丕	363	应顺	五代十国（楚）	马希范	934	永宁	十六国（后赵）	石祗	350	元熙	东晋	恭帝司马德文	419	政和	北宋	徽宗赵佶	1111
兴平	东汉	献帝刘协	194	应顺	五代十国（荆南）	高从诲	934	永平	东汉	明帝刘庄	58	元熙	十六国（前赵）	刘渊	304	至大	元	武宗海山	1308
兴平	南北朝	农民首领唐禹之	486	应天	唐	史思明	759	永平	西晋	惠帝司马衷	291	元玺	十六国（前燕）	慕容儁	352	至道	北宋	太宗赵光义	995
兴圣	唐（南诏）	杨干真	903	应天	唐	割据政权朱泚	783	永平	南北朝（北魏）	宣武帝元恪	508	元象	南北朝（东魏）	孝静帝元善见	538	至德	南北朝（陈）	后主陈叔宝	583
兴武	明	农民首领高迎祥	1635	应天	五代燕皇帝	刘守光	911	永平	南北朝（高昌）	麴玄喜	549	元兴	东汉	和帝刘肇	105	至德	唐	肃宗李亨	756
兴元	唐	德宗李适	784	应天	南宋（西夏）	襄宗李安全	1206	永平	隋	李密	617	元兴	三国（吴）	末帝孙皓	264	至和	北宋	仁宗赵祯	1054
宣德	明	宣宗朱瞻基	1426	应运	北宋	农民首领李顺	994	永平	五代十国（前蜀）	王建	911	元兴	东晋	安帝司马德宗	402	至宁	南宋（金）	卫绍王完颜永济	1213
宣光	明（北元）	昭宗爱猷识里达腊	1371	雍宁	北宋（西夏）	崇宗李乾顺	1114	永清	清 台湾自治政权唐景崧、丘逢甲		1895	元延	元（定安）		乌可明	976	至顺	元	文宗图帖睦尔	1330
宣和	北宋	徽宗赵佶	1119	雍熙	北宋	太宗赵光义	984	永始	西汉	成帝刘骜	-16	元延	西汉	成帝刘骜	-12	至元	元	惠宗妥懽帖睦尔	1335
宣统	清	末代皇帝溥仪	1909	雍正	清	世宗胤禛	1723	永始	东晋(楚)	桓玄	403	元祐	北宋	哲宗赵煦	1086	至元	元	世祖忽必烈	1264
宣政	南北朝（北周）	武帝宇文邕	578	永安	三国（吴）	景帝孙休	258	永寿	东汉	桓帝刘志	155	元贞	元	成宗铁穆耳	1295	至正	元	惠宗妥懽帖睦尔	1341
玄静	明	万俟德	1622	永安	西晋	惠帝司马衷	304	永泰	南北朝（齐）	明帝萧鸾	498					至治	五代（大理）	段思良	946
玄始	十六国（北凉）	沮渠蒙逊	412	永安	十六国（北凉）	沮渠蒙逊	401	永泰	唐	代宗李豫	765	Z				至治	元	英宗硕德八剌	1321
玄元	明	起义首领朱徽煤	1451	永安	南北朝（北魏）	孝庄帝元子攸	528	永熙	西晋	惠帝司马衷	290	载初	唐	则天后武曌	689	治平	北宋	英宗赵曙	1064
				永安	北宋（西夏）	崇宗李乾顺	1098	永熙	南北朝（北魏）	孝武帝元修	532	载初	唐	安庆绪	757	治平	元	红巾军首领徐寿辉	1351
Y				永昌	东晋	元帝司马睿	322	永憙	东汉	冲帝刘炳	145	赞普钟	唐（南诏）	阁逻凤	752	致和	元	泰定帝也孙铁木儿	1328
延昌	南北朝（北魏）	宣武帝元恪	512	永昌	唐	则天后武曌	689	永兴	东汉	桓帝刘志	153	造历	明	农民首领张琏	1560	中大通	南北朝（梁）	武帝萧衍	529
延昌	南北朝（高昌）	麴乾固	561	永昌	明	农民首领李自成	1644	永兴	西晋	惠帝司马衷	304	章和	东汉	章帝刘炟	87	中大同	南北朝（梁）	武帝萧衍	546
延初	十六国（前秦）	苻崇	394	永昌	清	农民首领宫文彩	1644	永兴	东晋（冉魏）	冉闵	350	章和	南北朝（高昌）	麴坚	531	中和	唐	僖宗李儇	881
延光	东汉	安帝刘祜	122	永初	东汉	安帝刘祜	107	永兴	十六国（前秦）	苻坚	357	章武	三国（蜀）	昭烈帝刘备	221	昭宁	东汉	少帝刘辩	189
延和	南北朝（北魏）	太武帝拓跋焘	432	永初	东汉	武帝刘裕	420	永兴	南北朝（北魏）	明元帝拓跋嗣	409	昭武	清	割据政权吴三桂	1678	中平	东汉	灵帝刘宏	184
延和	南北朝（高昌）	麴伯雅	602	永淳	唐	高宗李治	682	永兴	南北朝（北魏）	孝武帝元修	532	贞观	唐	太宗李世民	627	中平	东汉	献帝刘协	189
延和	唐	睿宗李旦	712	永德	唐（渤海）	定王大元瑜	810	永兴	明	起义首领张惟元	1628	贞观	北宋（西夏）	崇宗李乾顺	1101	中统	元	世祖忽必烈	1260
延康	东汉	献帝刘协	220	永定	南北朝（陈）	武帝陈霸先	557	永兴	清	起义首领钱宝通	1708	贞明	唐（南诏）	隆舜	878	中兴	十六国（西燕）	慕容永	386
延康	唐	割据政权沈法兴	619	永凤	十六国（前赵）	刘渊	308	永元	东汉	和帝刘肇	89	贞明	五代（后梁）	末帝朱友贞	915	中兴	南北朝（齐）	和帝萧宝融	501
延康	元	农民首领林桂方、赵良钤	1283	永光	西汉	元帝刘奭	-43	永元	南北朝（齐）	东昏侯萧宝卷	499	贞明	五代十国（吴越）	钱镠	915	中兴	南北朝（北魏）	安定王元朗	531
延平	东汉	殇帝刘隆	106	永光	南北朝（宋）	前废帝刘子业	465	永贞	唐	顺宗李诵	805	贞明	五代十国（闽）	王审知	915	中兴	北宋	于阗王尉迟达磨	978
延平	东晋	慕容麟	397	永光	南北朝（宋）	武王刘浑	454	永贞	南宋（后理）	段正兴	1148	贞祐	唐（南诏）	郑仁旻	910	中兴	唐（渤海）	成王大华屿	794
延庆	北宋（西辽）	德宗耶律大石	1124	永汉	东汉	献帝刘协	189	玉恒	十六国（成汉）	李期	335	贞祐	南宋（金）	宣宗完颜珣	1213	中兴	唐（南诏）	舜化贞	897
延嗣宁国	北宋（西夏）	毅宗李谅祚	1049	南北朝（高昌）		麴玄泰	624	永汉	南北朝	农民首领刘敬别	542	贞元	唐	德宗李适	785	中兴	五代十国（南唐）	李璟	958
延熙	三国（蜀）	后主刘禅	238	永和	东汉	顺帝刘保	136	玉衡	十六国（成汉）	李雄	311	贞元	南宋（金）	海陵王完颜亮	1153	中元克复	唐	谯王李福	1647
延熙	十六国（后赵）	石弘	334	永和	东晋	穆帝司马聃	345	元初	东汉	安帝刘祜	114	真混	明	起义首领李文	1619	朱雀	唐（渤海）	僖王大言义	813
延熹	东汉	桓帝刘志	158	永和	十六国（后秦）	姚泓	416	元德	北宋（西夏）	崇宗李乾顺	1119	真王	南北朝	起义首领破六韩拔陵	523	转运	南宋	割据政权吴曦	1207
延兴	南北朝（齐）	海陵王萧昭文	494	永和	五代十国（闽）	王延钧	935	元丰	北宋	神宗赵顼	1078	真王	南北朝	农民首领杜洛周	525	总章	唐	高宗李治	668
延兴	南北朝（北魏）	孝文帝元宏	471	永和	清	农民首领朱一贵	1721	元封	西汉	武帝刘彻	-110	真兴	十六国（夏）	赫连勃勃	419	尊圣	五代十国（南诏）	赵善政	928
延祐	元	仁宗爱育黎拔力八达	1314	永弘	十六国（西秦）	乞伏暮末	428	元封	唐（南诏）	异牟寻	至808	祯明	南北朝（陈）	后主陈叔宝	587				
延载	周	则天皇帝武曌	694	永徽	唐高宗	李治	650	元凤	西汉	昭帝刘弗陵	-80	征和	西汉	武帝刘彻	-92				
炎兴	三国（蜀）	后主刘禅	263	永嘉	西晋	怀帝司马炽	307	元符	北宋	哲宗赵煦	1098	正安	北宋（大理）	段思廉	1053				
晏朝	清	朱毛俚	1814	永嘉	南宋(后理)	段正严	至1128	元光	西汉	武帝刘彻	-134	正大	南宋（金）	哀宗完颜守绪	1224				
晏平	十六国（成汉）	李逝	306	永建	东汉	顺帝刘保	126	元光	东晋	寞冲	393	正德	清	割据政权李珍	761				
燕兴	十六国（西燕）	慕容泓	384	永建	十六国（西凉）	李恂	420	元光	南宋（金）	宣宗完颜珣	1222	正德	北宋（大理）	段思廉	?				
燕元	十六国（后燕）	慕容垂	384	永康	东汉	桓帝刘志	167	元和	东汉	章帝刘炟	84	正德	南宋（西夏）	崇宗李乾顺	1127				
阳嘉	东汉	顺帝刘保	132	永康	西晋	惠帝司马衷	300	元和	唐	宪宗李纯	806	正德	明	武宗朱厚照	1506				
阳朔	西汉	成帝刘骜	-24	永康	十六国（后燕）	慕容宝	396	元亨	南宋(后理)	段智兴	1185	正光	南北朝（北魏）	孝明帝元诩	520				
仪凤	唐	高宗李治	676	永康	十六国（西秦）	乞伏炽磐	412	元徽	南北朝（宋）	后废帝刘昱	473	正历	唐（渤海）	康王大嵩璘	795				
彝泰	唐（吐蕃）	赞普可黎可足	815	永康	南北朝（柔然）	受罗部真可汗予成	464	元嘉	东汉	桓帝刘志	151	正隆	南宋（金）	海陵王完颜亮	1156				
义和	十六国（北凉）	沮渠蒙逊	431	永乐	五代	农民首领张遇贤	942	元嘉	南北朝（宋）	文帝刘义隆	424	正平	南北朝	临贺王萧正德	548				
义和	隋（高昌）	麴口	614	永乐	北宋	农民首领方腊	1120	元康	西汉	宣帝刘询	-65	正平	南北朝（北魏）	太武帝拓跋焘	451				
义嘉	南北朝（宋）	晋安王刘子勋	466	永乐	明	成祖朱棣	1403	元康	西晋	惠帝司马衷	291	正平	隋	郭子和	617				
义宁	恭帝杨侑		617	永历	清（南明）	桂王朱由榔	1647	元康	西汉	昭帝刘弗陵	-74	正始	三国（魏）	齐王曹芳	240				
义宁	东晋	安帝司马德宗	405	永历	清	起义首领王光忙	1647	元始	西汉	平帝刘衎	1	正始	十六国（北燕）	高云	407				
义熙	南北朝（高昌）	麴嘉	511	永隆	隋	梁师都	617	元寿	西汉	哀帝刘欣	-2	正始	南北朝（北魏）	宣武帝元恪	504				
应道	唐（南诏）	寻阁劝	809	永隆	唐	高宗李治	680	元寿	南宋(后理)	段智廉	至1204	正统	明	英宗朱祁镇	1436				
应历	五代（辽）	穆宗耶律璟	951	永隆	五代十国（闽）	王曦	939	元狩	西汉	武帝刘彻	-122	正元	三国（魏）	高贵乡公曹髦	254				
应乾	五代十国（南汉）	刘晟	943	永明	南北朝（齐）	武帝萧赜	483	元明	西汉	武帝刘彻	-128	正治	北宋（大理）	段素真	1027				
应顺	五代（后唐）	闵帝李从厚	934	永宁	东汉	安帝刘祜	120	元统	南宋（辽后裔政权）	耶律留哥	1213	正治	元	陈空崖	1297				
应顺	五代十国（吴越）	钱元瓘	934	永宁	西晋	惠帝司马衷	301	元统	元	惠宗妥懽帖睦尔	1333	证圣	周	则天皇帝武曌	695				